복 있는 사람

오직 여호와의 율법을 즐거워하여 그 율법을 주야로 묵상하는 자로다.
저는 시냇가에 심은 나무가 시절을 좇아 과실을 맺으며 그 잎사귀가 마르지 아니함 같으니
그 행사가 다 형통하리로다. (시편 1:2-3)

아바의 자녀

Brennan Manning

Abba's Child

아바의 자녀

브레넌 매닝 지음 | 윤종석 옮김

복 있는 사람

아바의 자녀

2004년 2월 13일 초판 1쇄 발행
2010년 8월 11일 초판 12쇄 발행
2012년 3월 12일 재조판 1쇄 발행
2025년 4월 30일 재조판 11쇄 발행
지은이 브레넌 매닝
옮긴이 윤종석
펴낸이 박종현

(주) 복 있는 사람
서울특별시 마포구 연남동 246-21 (성미산로 23길 26-6)
Tel 723-7183(편집), 723-7734(영업·마케팅) | Fax 723-7184
hismessage@naver.com
등록 1998년 1월 19일 제1-2280호
ISBN 979-11-7083-258-4

Abba's Child
by Brennan Manning

Copyright © 1994 by Brennan Manning
This edition issued by contractual arrangement with NavPress, a division of The Navigators, U.S.A.
Originally published by NavPress in English as *Abba's Child*,
All rights reserved.

This Korean edition Copyright © 2004 by The Blessed People Publishing Co., Seoul, Korea,
through the arrangement of rMaeng2, Inc., Seoul, Korea.

이 책의 한국어판 저작권은 알맹2 Agency를 통해 NavPress사와 독점 계약한 (주) 복 있는 사람이 소유합니다. 저작권법에 의하여 한국 내에서 보호를 받는 저작물이므로 무단 전재와 복제를 금합니다.

내 멘토이자 친구들인

그리스도인 릴리언 로빈슨과

유대교인 아서 엡스타인에게 이 책을 바친다.

둘의 지혜와 긍휼은 극히 인간적 방식으로 신구약을 하나로 묶어 주었다.

차례

감사의 말 · 9
증보판 서문 · 11
들어가는 말 · 15

1. 숨지 말고 나오라   17
2. 거짓 자아   39
3. 사랑받는 자   63
4. 아바의 자녀   81
5. 바리새인과 자녀   105
6. 현존하는 부활   133
7. 열정의 회복   159
8. 용기와 환상   183
9. 랍비의 심장박동   207

개인과 그룹을 위한 스터디 가이드 · 233
주 · 243
지은이 소개 · 252

감사의 말

마음속에 한 가지 목적을 품고서 「아바의 자녀」를 쓰기 시작했다. 일찍이 신학교에 들어가 사제 서품을 받도록 내 마음에 불을 지폈던 그 열정을 되찾고 싶어서였다. 그 과정에 깨달은 것이 있다. 침묵과 연구의 시절, 내가 원하던 모든 것은 하나님과 사랑에 빠지는 것이었다는 사실이다.

콜로라도 에스테스 파크에서 네비게이토 출판부 발행인 존 임스와 네비게이토 출판부 편집 자문위원 리즈 히니와 함께 점심식사를 나눈 뒤에, 나는 이 책을 탈고하라는 그들의 격려에 고마움과 동시에 마음이 겸허해짐을 느꼈다. 나중에 네비게이토 출판부 편집장 캐시 야니가 전문 기술과 아울러 주님을 향한 동일한 열정을 보태 주었고, 덕분에 그간의 내 저서 중 가장 정교한 편집으로 펴내게 되어 내 기쁨이 한껏 커졌다.

내 사생활이 극히 어렵던 시기에 어둠을 헤치고 광명에 이르도록 나를 이끌어 준 릴리언 로빈슨과 아서 엡스타인에게도 진심 어린 감사를 드린다.

끝으로 인내로 견뎌 준 아내 로즐린에게 내 사랑을 전한다. 아내는 내 평생 받아 본 선물 중 가장 귀한 선물이다.

증보판 서문

"세상은 우리를 나 아닌 다른 모든 존재가 되게 하려고 밤낮없이 사력을 다하고 있다. 그런 세상에서 자기 자신이 된다는 것은 가장 힘든 전투를 벌인다는 뜻이다. 인간은 누구나 그 전투를 벌일 수 있고 그 싸움을 절대 멈추지 않을 수 있다."
E. E. 커밍스(Cummings)

1994년 「아바의 자녀」가 출간된 이후 다른 모든 장을 합한 것보다 '거짓 자아'에 대한 독자소감이 가장 많이 나왔다. 지금도 거짓 자아는 새롭고 간교한 탈을 쓰고 계속 다시 나타난다. 내 참 자아를 덮고 있는 교활하고 병들고 음흉스런 탈은 잠자는 중에도 스토커처럼 나를 따라다닌다. 요즘 그의 전략은 오늘 아침 항울제와 비타민제를 먹었는지조차 기억이 가물가물하게 하며 내 '노년의 시간'을 덮치는 것이다.

내 자기중심적 욕망의 이 새빨간 허상은 엉큼하고 간사하게 내 일시적 건망증을 이용해, 나의 나 된 것이 모두 은혜이며 내 힘으로는 은혜를 받을 수조차 없음을—은혜를 받는 것조차 선물이기에, 곧 은혜를 붙드는 은혜도 은혜이기에—망각하게 한다. 하나님의 넘치는 사랑에 어쩔 줄 몰라 하며 그 순전하고도 분에 넘치는 풍성한 선물에 진심으로 감사드려야 옳건만, 거꾸로 내 성취에 대한 뻔뻔스런 만족감과 든든한 영적 우월감이 내 심령을 파고든다. 거짓 자아는 종잡을 수 없고 교활하며 매혹적이다. 거짓 자아는 아바의 사랑받는 자녀라는 내 참 자아를 버리라고 나를 다그친다. 커밍스의 말대로 '나 아닌 다른 모든 존재'가 되라는 것이다.

최근 몇 년간 내 가장 큰 어려움은 거짓 자아를 예수님의 임재 안에 가져다 놓는 일이었다. 나는 아직도 거짓 자아를 질책하는, 곧 자기중심적인 그를 무자비하게 때리며 혼자 풀 죽고 낙심에 빠져 그간의 내 영적 생활이 자기기만과 환상에 지나지 않았다고 매도하는 경향이 있다.

자책은 나와 인연이 깊다. 내가 스물세 살 무렵 워싱턴 D. C. 프란체스코 수도회에 수련수사로 있을 때의 일이다. 수도회에서는 사순절 기간 중 금요일마다 고대 신앙훈련이 거행되었다. 지정된 사제 하나가 1층 계단참에 떡 버티고 서서 시편 51편을 라틴어로 천천히 큰소리로 암송했다. 미세레레 메, 도미네, 세쿤둠 미세리코르디암, 투암(*Miserere me, Domine, secundum misericordiam, tuam*).

그동안 남은 우리는 30센티미터 길이의 올가미 모양 고행도구를 부여잡고 각자 2층 독방에 들어갔다. 똘똘 감긴 전화선이었다. 시편이 낭송되는 동안 우리는 정욕의 불을 끄고자 자신의 등과 둔부를 계속 때렸다. 어찌나 사납게 정신없이 내리쳤던지 내 등에는 피멍울이 솟았다.

이튿날 샤워할 때 한 사제가 내 상처투성이 몸을 보고는 수련수사 담당 신부에게 그 상태를 보고했다. 나는 열정을 절제하지 못했다 하여 그에게 징계받았다. 사실 나는 하나님을 기쁘시게 하려고 죽자살자 매달렸던 것인데 말이다.

내 옆 독방에 살던 디스마스 수사는 그렇지 않았다. 그가 무지막지하게 자신을 때리는 소리를 들으며 나는 저러다 건강은 물론 정신마저 해치지 않을까 걱정되었다. 나는 갈라진 문틈 사이로 그의 방 안을 슬며시 들여다봤다. 그는 왼손에 담배를 들고 묘한 웃음을 지은 채 벽을 내려치고 있었다. 딱 딱 딱. 내 반응은? 나는 그 가엾은 죄인을 불쌍히 여기며 참을 수 없는 영적 우월감에 젖어 내 방으로 돌아왔다.

질책은 건강에 좋지 못하다. 몸에도 영혼에도 말이다.

우리는 거짓 자아를 그 숨은 데서 불러내 예수님께 드려야만 한다. 그렇지 않으면 절망감, 혼란, 수치심, 패배의식이 아침부터 저녁까지 우리를 쫓아다닐 것이다. 「아바의 자녀」 집필은 내게 깊은 영적 체험이었다. 마지막으로 한 가지만 더 나누고 싶다. 넘치는 과장을 통해서만 말할 수 있는 진리가 있다. 아바의 사랑의 초월적 신비를 그리고자 나는 "무한하다, 신기하다, 정말 놀랍다, 말로 표현할 수 없다, 이해할 수 없다" 등의 표현을 많이 사용했다. 그것을 다 합해 놓아도 여전히 부족하다. 이유는 한 가지, 말은 신비를 망치기 때문이다.

끝으로, 지금은 은퇴한 내 오랜 영적 지도자 래리 헤인(Larry Hein)은 "그대의 모든 기대가 좌절되게 하고 그대의 모든 계획이 좌초되게 하고 그대의 모든 갈망이 시들어 무(無)가 되게 하라. 그럴 때 그대는 어린아이의 무력함과 가난함을 체험하여 아버지와 아들과 성령이신 하나님의 사랑 안에서 노래하고 춤출 수 있으리라"는 축복의 말을 써 준 일이 있거니와, 그가 이번에는 다른 말로 축복해 주었다.

"오늘 지구별에서 그대가 우리 주 예수 그리스도를 통해 아바의 자녀이자 성령의 전(殿)인 자신의 경이와 아름다움을 체험하기를 바라노라."

들어가는 말

1956년 2월 8일, 펜실베이니아 로레토의 한 작은 예배당에서 나는 나사렛 예수에게 습격당했다.

지난 38년간 내가 걸어온 길은 비참한 승리와 화려한 패배, 영혼이 졸아드는 성공과 삶을 키워 주는 실패로 점철되어 있다. 충성과 배반의 계절, 위안과 피폐함의 시절, 열정과 무감각 따위가 나를 훑고 지나갔다. 그리고 이런 때도 있었다…….

- 하나님 임재의 느낌이 내가 앉아 있는 의자보다도 더 실감나던 때.
- 하나님 말씀이 천지를 가르는 번갯불처럼 내 영혼 구석구석에 내리꽂히던 때.
- 걷잡을 수 없는 열망이 나를 난생처음인 곳들로 데려가던 때.

그러나 또 이런 때도 있었다…….

- "나는 한때 백설공주였으나 길을 잃고 말았다"던 메이 웨스트(Mae West)의 말에 공감하던 때.

- 하나님 말씀이 녹아 버린 아이스크림처럼 밋밋하고 말라빠진 소시지처럼 맛없던 때.
- 가슴속의 불씨가 깜박거리다 꺼졌던 때.
- 식어 버린 열정을 연륜의 지혜로 착각하던 때.
- 젊은 날의 이상을 한낱 철없는 짓쯤으로 일소하던 때.
- 값진 진주보다 싸구려 유리조각을 더 좋아하던 때.

이런 체험 중 당신에게 해당하는 것이 하나라도 있다면, 이 책을 훑어보며 아바의 자녀라는 자신의 근본 정체를 되찾는 시간을 갖는 것도 좋으리라.

브레넌 매닝

Come Out of Hiding 1

숨지 말고 나오라

플래너리 오코너(Flannery O'Connor)의 단편소설 「칠면조」(*The Turkey*)[1]에는 룰러라는 이름의 소년이 주인공답지 않은 주인공으로 등장한다. 룰러는 초라한 자아상의 소유자다. 손대는 일마다 되는 일이 없는 듯하기 때문이다. 밤에 잠자리에서 그는 자신에 대한 부모의 말을 엿듣게 된다. "룰러는 특이한 애야. 왜 항상 혼자 놀지?" 아버지의 말에 어머니는 "난들 알아요?" 하고 대답한다.

어느 날 룰러는 숲 속에서 상처입은 야생 칠면조 한 마리를 발견하고는 사력을 다해 쫓는다. 그의 입에서 탄식이 새어 나온다. "저 칠면조를 잡을 수만 있다면." 죽는 한이 있더라도 잡으리라. 벌써 칠면조를 어깨에 메고 집 현관에 당당히 들어서는 자신의 모습이 보인다. 온 식구들이 함성을 지른다. "룰러 좀 봐! 야생 칠면조잖아. 룰러, 그 칠면조 어디서 잡았어?"

"응. 산에서 잡았어. 나중에 너한테도 한 마리 잡아 줄까?"

그러나 그때 그의 마음을 스치는 생각이 있다. '하나님은 오후 내내 저 칠면조를 쫓아다니게만 하고 결국은 못 잡게 하실 거야.' 하나님을 그렇게 생각해서는 안 된다는 것을 알지만 어쨌든 그것이 룰러의 기분이다. 그는 그 기분을 떨칠 수 있을까? 룰러는 자신이 정말 특이한 애가 아닐까 하는 생각이 든다.

칠면조는 끝내 총상을 견디지 못해 풀썩 쓰러져 죽는다. 그 틈을 타

룰러는 결국 칠면조를 잡는다. 그는 칠면조를 어깨에 메고 당당히 시내 한복판을 향한다. 새를 잡기 전에 스쳤던 생각들이 떠오른다. 자신이 보기에도 정말 나쁜 생각들이었다. 너무 늦기 전에 하나님이 그런 생각을 막아 주셨다는 생각이 든다. 마땅히 크게 감사해야 할 것 같아 그는 말한다. "하나님, 고맙습니다. 모두 하나님 덕분이에요. 이 칠면조는 족히 4-5킬로그램은 나갈 거예요. 하나님은 정말 좋으신 분입니다."

'칠면조를 잡은 것이 하나의 신호일지도 몰라. 하나님은 내가 목사가 되기를 바라시는지도 몰라.' 그런 생각이 든다. 칠면조를 어깨에 메고 시내로 들어서면서 룰러는 빙 크로스비와 스펜시 드레이시를 생각한다. 그는 하나님을 위해 뭔가 하고 싶지만 뭘 해야 할지 막막하다. 오늘 같은 날 길거리에서 아코디언을 연주하는 사람이라도 있다면 10센트짜리 동전을 던져 주련만. 동전이라곤 달랑 그것 하나뿐이었지만 그래도 주고 싶었다.

두 남자가 다가오며 칠면조를 보고 탄성을 발한다. 그들은 길모퉁이 다른 사람들한테도 이것 좀 보라고 소리친다. 그러고는 "이것 몇 킬로그램쯤 되겠니?" 하고 룰러에게 묻는다.

룰러는 "안돼도 4-5킬로그램은 되겠지요" 하고 대답한다.

"얼마 동안 쫓았니?"

"한 시간쯤이요." 룰러가 말한다.

"정말 대단한데? 너 아주 피곤하겠구나."

"아뇨." 룰러가 대답한다. "가야 돼요. 급해요." 그는 어서 집에 가고 싶은 마음뿐이다.

걸인을 만났으면 좋겠다는 생각이 든다. 불쑥 룰러의 입에서 기도가 나온다. "주님, 저한테 거지를 보내 주세요. 집에 도착하기 전에 한 명만 보내 주세요." 칠면조를 잡게 해주신 하나님이시니 분명 거지도 보내 주실 것이다. 하나님이 거지를 보내 주시리라는 데 룰러는 추호도 의심이 없다. 특이한 아이인 만큼 하나님도 흥미를 느끼실 것이다. "지금 꼭 보내 주세요." 말을 마치기가 무섭게 한 노파 거지가 룰러 앞으로 똑바로 걸어온다. 가슴속에서 심장이 두근거린다. 그는 노파에게 냉큼 다가가 "여기요, 여기요" 소리치며 10센트짜리 동전을 손에 떨궈 놓고는 뒤도 돌아보지 않고 급히 내달린다.

서서히 마음이 가라앉으며 그에게 새로운 느낌이 들기 시작한다. 행복하면서 동시에 당혹스러웠던 것이다. 그냥 있는 돈을 그 노파한테 다 줘버릴까 하는 생각이 든다. 그러면서도 그는 땅을 딛지 않고 공중에 붕 뜬 기분이다.

그때 어슬렁어슬렁 따라오고 있는 시골 아이들이 룰러의 눈에 띈다. 그는 돌아보며 인심 좋게 묻는다. "니네, 내가 이 칠면조 보여 줄까?"

그들은 룰러를 빤히 보며 "그 칠면조 어디서 잡은 거냐?"고 되받는다.

"산속에서 찾았지. 죽을 때까지 쫓았어. 봐. 날개 밑에 총을 맞았잖아."

"어디 봐." 한 소년이 말하자 룰러는 그에게 칠면조를 건넨다. 시골 소년이 칠면조를 공중으로 높이 쳐들자 새의 고개가 그의 얼굴 쪽으로 푹 꺾인다. 소년은 칠면조를 자기 어깨에 메고 돌아선다. 다른 아이들도 함께 돌아서 슬금슬금 사라져 버린다.

그들이 500미터쯤 멀어진 후에야 룰러는 움직인다. 결국 아이들은 더 이상 룰러의 눈에 보이지 않을 만큼 멀어지고 만다. 그러자 그는 집으로 터덕터덕 걷는다. 잠깐 걷다가는 날이 이미 어두워진 것을 보고 갑자기 뛰기 시작한다. 플래너리 오코너의 흥미진진한 이야기는 이런 말로 끝난다. "그는 걸음아 날 살려라 하고 뛰었다. 집 앞길로 접어들자 그의 심장은 다리만큼이나 빨리 뛰고 있었다. 그는 무서운 하나님이 뻣뻣한 팔과 손가락을 뻗어 금방이라도 자기를 움켜쥘 듯 쫓아오고 있는 것만 같았다."

우리 많은 그리스도인들의 모습이 룰러 안에 벌거벗은 듯 적나라하게 드러나 있다. 우리 하나님은 인심 좋게 칠면조를 주셨다가는 변덕스레 다시 빼앗아 가시는 분 같다. 주실 때는 그분이 우리를 기뻐하시며 관심을 두신다는 신호다. 우리는 하나님이 가깝게 느껴지며 그 호의에 감격한다. 그러나 다시 빼앗으실 때는 그분이 우리를 못마땅해 하시며 거부하신다는 신호다. 우리는 하나님께 버림받은 기분이 된다. 그분은 앞뒤를 종잡을 수 없는 기분파 변덕쟁이다. 기껏 다시 허물 요량으로 우리를 세우시는 분이다. 그분은 우리의 지나간 죄를 기억하시며, 건강과 부와 내면의 평안과 자손과 제국과 성공과 기쁨이라는 칠면조를 빼앗아 응징하신다.

이렇듯 우리는 자신에 대한 태도와 감정을 자기도 모르게 하나님께 투사(投射)한다. 블레이즈 파스칼(Blaise Pascal)의 말처럼 "하나님은 인간을 자기 형상대로 지으셨고 인간은 찬사를 돌려드렸다." 그리하여 자신이 미워질 때 우리는 당연히 하나님도 우리를 미워하실 줄로 생각한다.

하지만 우리에 대한 하나님의 심정이 우리 같다고 생각해서는 안 된다. 우리가 자신을 긍휼히 여기며 아낌없이 뜨겁게 사랑하지 않는 한 말이다. 예수님은 하나님이 어떤 분이신지 인간의 모습으로 우리에게 보여 주셨다. 그분은 우리의 투사가 실은 우상숭배임을 드러내셨다. 그리고 거기서 벗어날 길을 우리에게 주셨다. 하나님이 있는 그대로의 우리를 향해 불가항력의 애정과 긍휼을 품고 계시다는 사실을 받아들이려면 깊은 회심이 필요하다. 우리의 죄와 잘못에도 불구하고가 아니라(그렇다면 전폭적 수용이 아닐 것이다) 그런 우리를 사랑하시는 것이다. 하나님은 악을 묵과하거나 인정하시지 않지만, 우리 안에 악이 있다는 이유로 그 사랑을 거두시지도 않는다.

그것이 잘 믿어지지 않을 때가 있다. 자신에 대한 우리의 기분 때문이다. 나보다 현명하고 통찰력 있는 수많은 그리스도인 저자들이 이미 말한 것처럼, 우리는 자신을 사랑하지 않는 한 다른 인간의 사랑을 받아들일 수 없으며 하나님이 나를 사랑하실 수 있다는 사실은 더더욱 받아들이지 못한다.

어느 날 밤 한 친구가 장애를 가진 자신의 아들에게 물었다. "대니얼, 너를 바라보시는 예수님의 눈빛이 어때 보이니?"

잠시 침묵이 흐른 뒤 아들이 답했다. "아빠, 예수님 눈에 눈물이 가득 고여 있어요."

"왜?"

더 오랜 침묵이 흐른다. "슬프시니까요."

"그분이 왜 슬프실까?"

대니얼은 바닥만 쳐다보고 있었다. 이윽고 고개를 들자 아이의 눈에 눈물이 반짝였다. "제가 두려워하니까요."

우리가 하나님을 두려워하고 삶을 두려워하고 자신을 두려워할 때 그분은 슬퍼하신다. 우리가 자기에 몰두하여 혼자 힘으로 끙끙댈 때 그분은 아파하신다. 리처드 포스터(Richard Foster)는 말했다. "오늘 하나님의 마음은 찢겨진 사랑의 상처다. 저만치 딴 일로 바쁜 우리 모습에 그분은 아파하신다. 그분께 다가오지 않는 우리를 보며 애통하신다. 그분을 잊어버린 우리를 인해 슬퍼하신다. 크고 많은 것만 쫓아다니는 우리 때문에 우신다. 그분은 우리가 곁에 있기 원하신다."[2]

죄짓고 실패한 우리가 한사코 하나님께 나아가지 않을 때 그분은 슬퍼하신다. 알코올 중독자에게 '실수'란 끔찍한 경험이다. 봄날의 돌풍이 사납게 날뛰면 술에 대한 심신의 강박이 되살아난다. 술에서 깨어나면 참담한 심정이 된다. 내 경우 다시 술에 손댔을 때 선택할 수 있는 길은 두 가지였다. 다시 죄책감과 두려움과 우울증에 굴복할 수도 있고, 하늘 아버지의 품 안에 뛰어들 수도 있었다. 내가 가진 질환의 피해자로 사는 길을 택할 것인가, 아니면 아바 아버지의 불변의 사랑을 믿는 길을 택할 것인가.

생활이 순탄하고 돕는 이들이 다 제자리에 있을 때 하나님의 사랑을 느끼는 것은 별다른 문제다. 그때는 자신을 받아들이기가 비교적 쉽다. 자신이 좋아지고 있다고 떠들 수도 있다. 힘 있는 강자로 정상을 구가하며 켈트족의 표현대로 '모양새가 좋을' 때는 마냥 안전한 기분이 든다.

그러나 삶이 균열 속으로 추락할 때는 어떻게 되는가? 죄짓고 넘어질 때, 꿈이 무너져 내릴 때, 투자한 돈이 날아갈 때, 의혹의 눈초리를 받을 때는 어떻게 되는가? 인간 조건에 정면으로 맞설 때는 어떻게 되는가?

요즘 막 별거에 들어갔거나 이혼한 사람에게 물어보라. 지금 그들은 순탄한가? 안전한 기분이 여전한가? 강한 자부심이 있는가? 자신이 여전히 사랑받는 자녀로 느껴지는가? 아니면 하나님은 그들을 '착할' 때만 사랑하실 뿐 망가져 볼품없을 때는 사랑하시지 않는 것일까?

니콜라스 하난(Nicholas Harnan)은 말했다.

이 [망가진] 모습이야말로 우리가 받아들여야 할 실상이다. 안타깝게도 우리는 그 모습을 거부하는 성향이 있다. 거기서 지독한 자기혐오의 씨앗이 뿌려진다. 아프도록 연약한 이 모습이야말로 인간의 특성이며, 인간 조건을 치유 상태로 회복하려면 모두가 반드시 끌어안아야 할 모습이다.[3]

14세기의 신비가 노르위치의 줄리안(Julian of Norwich)은 이렇게 말했다. "우리의 친절하신 주님은 자기 종들이 자주 심하게 넘어진다고 해서 절망에 빠지는 것을 바라시지 않는다. 우리의 실족도 그분의 사랑을 막을 수는 없기 때문이다."[4]

그러나 우리는 회의와 두려움 때문에 믿지 못하고 받아들이지 못한다. 하나님을 미워하지는 않아도 우리 자신을 미워한다. 하지만 영적 삶이란 자신의 상한 자아를 받아들이는 데서 시작된다.

진정한 묵상가—천사의 음성을 듣고 그 빛나는 얼굴을 보는 자가 아니라 꾸밈없는 신뢰로 하나님을 만나는 자—를 찾아보라. 그 사람은 우리에게 뭐라고 말할까? 토머스 머튼(Thomas Merton)이 답해 준다. "자신의 못난 모습을 내려놓고 자신이 주님께 아무것도 아님을 인정하라. 우리가 이해하든 못하든 하나님은 우리를 사랑하시고, 우리 안에 임재하시고, 우리 속에 사시고, 우리 안에 거하시고, 우리를 부르시고, 우리를 구원하시며, 지금까지 책에서 읽거나 설교에서 들은 것과 전혀 다른 깨달음과 긍휼을 베푸신다."[5]

하나님은 우리를 그만 숨고 밖으로 나오라고 부르신다. 하나님은 탕자가 절뚝거리며 집에 돌아올 때 달려 나가신 아버지다. 하나님은 수치와 자기혐오 때문에 얼어붙어 있는 우리를 보며 우신다. 그러나 우리는 자신이 켕기는 순간 그 즉시 숨는다. 아담과 하와도 숨었다. 우리도 다 이래저래 그들을 흉내 내고 있다. 왜 그럴까? 자기 모습이 마음에 들지 않기 때문이다. 자신의 참 자아에 마주 선다는 것은 불편한—견딜 수 없는—일이다. 사이먼 터그웰(Simon Tugwell)은 자신의 책 「팔복」(*The Beatitudes*)에서 이렇게 설명한다.

이렇듯 달아난 노예처럼 우리는 자신의 실상을 피해 달아나거나 아니면 거짓 자아를 만들어 낸다. 거짓 자아는 다분히 훌륭하고 꽤 매력 있고 피상적으로 행복하다. 우리는 자신이 알거나 느끼고 있는 자아(남들이 받아 주거나 사랑해 주지 않을 것 같은)를 그보다 무난할 듯한 다른 모습 속에 감춘다. 사람들에게 보이려고 예쁜 가면을 쓰고는 그 뒤에 숨는다.

그러다 시간이 지나면서 우리는 자신이 숨어 있다는 사실조차 망각한 채 예쁜 가면이 자신의 참 모습인 줄 착각한다.[6]

그러나 하나님은 우리의 참 자아—우리 마음에 들든 들지 않든—를 사랑하신다. 하나님은 아담을 부르신 것처럼 우리도 숨지 말고 나오라고 부르신다. 아무리 영적 화장을 짙게 해도 우리가 하나님 앞에 더 멋있어질 수는 없다. 머튼은 "우리가 하나님과의 관계의 가장 깊은 실체 속에 들어가지 못하는 까닭은 자신이 그분 앞에 철저히 아무것도 아님을 잘 인정하지 않기 때문이다"고 말했다.[7] 우리를 존재케 하셨던 그분의 사랑은 지금 우리를 자기혐오에서 나와 그분의 진리 안으로 들어서라고 부르고 있다.

예수님은 말씀하신다. "**지금 나한테 오라.** 나는 다함 없는 긍휼과 무한한 인내와 감당 못할 용서와 잘못을 기억지 않는 사랑으로 네 구주가 되고 싶다. 나를 네 구주로 인정하고 받아들여라. 너 자신에 대한 네 기분을 나한테 더 이상 투사하지 마라. 지금 이 순간 네 삶은 상한 갈대지만 나는 그것을 꺾지 않겠고, 꺼져 가는 등불이지만 나는 그것을 *끄지* 않겠다. **너는 안전한 자리에 있다.**"

오늘날 교회의 가장 충격적 모순 가운데 하나는 예수님의 많은 제자들이 자신을 지독히 싫어한다는 것이다. 그들은 타인의 단점에 대해서는 꿈도 꾸지 못할 만큼 자신의 단점을 역겨워한다. 자신의 평범함에 넌더리를 내며 자신의 기복에 혐오감을 느낀다. 다음은 데이비드 시맨즈(David Seamands)의 말이다.

많은 그리스도인들은……사탄이 사용하는 최고의 심리적 무기에 무너지고 있다. 이 무기는 치명적 미사일 성능을 갖추고 있다. 무기의 이름은? 낮은 자존감이다. 사탄의 최대 심리무기는 밑바닥 수준의 열등감, 자괴감, 못난 기분이다. 놀라운 영적 체험과 하나님 말씀에 대한 지식에도 불구하고 많은 그리스도인들이 그 감정에 속박되어 있다. 그들은 하나님의 자녀라는 자신의 신분을 알면서도 끔찍한 열등감에 묶여 헤어날 줄 모르며 자기가 쓸모없는 존재라는 의식에 깊이 사로잡혀 있다.[8]

자주 언급되는 일화가 있다. 한 남자가 만성 우울증을 고치려고 유명한 심리학자 칼 융(Carl Jung)과 면담을 약속했다. 융은 그에게 하루 14시간의 일을 8시간으로 줄이고 퇴근 후 곧장 집으로 가 저녁시간을 서재에서 혼자 조용히 보내라고 말했다. 우울증 남자는 저녁마다 서재에 가 문을 닫고는 헤르만 헤세와 토머스 만의 책을 조금 읽고 쇼팽의 연습곡과 모차르트 곡을 조금 쳤다. 그렇게 몇 주 지난 후 융에게 다시 간 그는, 전혀 차도가 없다며 불평을 늘어놓았다. 융은 남자가 시간을 어떻게 보냈는지 확인한 뒤에 말했다. "잘못 아셨군요. 헤세나 만이나 쇼팽이나 모차르트와 함께 있으라는 말이 아니었습니다. 완전히 혼자 있으라는 말이었습니다." 그러자 남자는 기겁하며 소리쳤다. "나 자신보다 더 같이 있기 힘든 대상은 없습니다." 융은 대답했다. "하지만 바로 그것이 하루 14시간 동안 다른 사람들을 괴롭히는 당신의 자아입니다."[9] (융은 '당신 자신을 괴롭히는 자아'라는 말도 덧붙였을지 모른다.)

내 경험상 자기혐오는 그리스도인들을 무력화하고 성령 안에서의 성장을 억압하는 최악의 침체다. 미국 그리스도인들의 양심은 체호프의 희곡에 깔린 "친구여, 그대는 형편없는 삶을 살고 있다"는 식의 우울한 기류에 시달리고 있다. 부모에게 들었던 "넌 제대로 되기는 글렀어" 따위의 부정적 음성, 교회의 도덕 설교, 성공의 압력 등으로 인해 천상의 예루살렘을 향한 기대에 찬 순례자들은 수심에 찬 햄릿들과 겁에 질린 룰러들의 풀 죽은 방랑객 무리가 되고 말았다.

알코올 중독, 일 중독, 그 밖에 늘어나는 갖가지 중독행위, 자살률 증가 등이 문제의 심각성을 잘 보여 준다. 헨리 나우웬(Henri Nouwen)은 말했다.

세월이 갈수록 나는 우리 삶의 최대의 덫은 성공이나 인기나 권력이 아니라 자기거부라는 사실을 깨닫는다. 물론 성공과 인기와 권력도 큰 유혹이 될 수 있으나 그 유혹의 힘은 자기거부라는 훨씬 큰 유혹의 일부로써 발휘될 때가 많다. 자신이 사랑받지 못할 쓸모없는 존재라는 음성들을 우리가 믿을 때 성공과 인기와 권력은 그만큼 매력 있는 대안으로 다가오기 쉽다. 하지만 진짜 덫은 자기거부다. 누군가 나를 비난하거나 흠잡을 때, 내가 거부당하거나 혼자 남거나 버림받을 때, 그 즉시 찾아오는 생각은 이것이다. "거봐. 내가 못난이라는 것이 다시 한번 입증됐잖아."⋯⋯〔내 안의 어두운 부분이 말한다.〕 나는 하등 쓸모없는 자다.⋯⋯ 나는 옆으로 밀려나 잊혀지고 거부당하고 버림받아 마땅한 존재다. **자기거부는 영적 삶의 최대 적이다.** 우리를 '사랑받는 자'라 부르시는 거룩한 음성에 역행하기 때문이다. 사랑받는 자라는 사실이야말로 우리 존재

의 핵심 진리다.[10]

예수님의 친밀하고 진심 어린 긍휼을 경험할 때 우리는 자신에게 너그러워지는 법을 배운다. 자아의 성(城)에 침투해 들어오는 예수님의 불가항력적 애정을 수용하는 만큼만 우리는 자신을 향한 소화불량에서 벗어날 수 있다. 그리스도는 우리가 우리 자신에 대한 태도를 바꾸기 원하신다. 우리의 자기평가를 버리고 그분 편에 서기 원하신다.

지난여름 내 내면의 여정에 중요한 진척이 있었다. 20일간 나는 콜로라도 로키산맥의 외딴 오두막에 살면서 치유와 침묵과 고독을 겸비한 묵상의 시간을 가졌다. 매일 새벽마다 나는 한 심리학자를 만났다. 그는 내가 어린 시절의 억압된 기억과 감정을 되살리도록 도와주었다. 남은 하루는 TV나 라디오나 어떤 읽을 거리도 없이 오두막에서 혼자 보냈다.

날짜가 가면서, 나는 내가 여덟 살 이후로 아무것도 느낄 수 없었다는 사실을 깨달았다. 그 당시의 한 충격적 경험으로 인해 이후 9년간 내 기억이 닫혔고 이후 50년간 내 감정이 닫혔던 것이다.

여덟 살 때 고통에 대한 방어책으로 내 거짓 자아가 태어났다. 거짓 자아는 안에서 이렇게 속삭였다. "브레넌, 더 이상 진짜 네가 되어서는 안 돼. 아무도 진짜 너를 좋아하지 않으니까. 모든 사람이 칭찬할 만한 아무도 모를 새 자아를 만들어 내." 그래서 나는 착한 아이, 곧 인사성 밝고 예의 바르고 주제넘지 않고 공손한 아이가 되었다. 열심히 공부해 우등생이 되었고 고등학교 때 장학금도 받았다. 그러나 깨어 있는 시시각각 나는 버림받을지 모른다는 두려움, 내 곁에 아무도 없다는 의식에 시달렸다.

완벽한 행동이 내가 그토록 바라던 인정과 칭찬을 가져다준다는 것을 나는 배웠다. 나는 두려움과 수치를 안전거리에 두고자 무감각 지대를 맴돌았다. "여태까지 철제뚜껑이 당신의 감정을 덮어 거기 접근하지 못하게 했습니다." 내 치료자의 지적이었다. 그동안 내가 대중 앞에 내밀었던 거짓 자아는 그런 것에 무관심한 채 태평했다.

내 머리와 가슴의 엄청난 격리는 사역기간에도 계속되었다. 18년간 나는 하나님의 긍휼과 무조건적 사랑의 기쁜 소식을 전했다. 머릿속으로는 철저히 확신했지만 가슴으로는 느끼지 못한 채 말이다. 나는 사랑받는다고 느껴 본 적이 없다. '헐리웃 스토리'(Postcards from the Edge)라는 영화의 한 장면이 모든 것을 말해 준다. 한 할리우드 영화배우(메릴 스트립)가 자신의 삶이 너무 멋있고 어떤 여자라도 그 성취를 부러워할 것이라는 말을 감독(진 해크먼)한테서 듣는다. 스트립은 거기에 이렇게 답한다. "네, 알아요. 하지만 난 내 삶이 전혀 느껴지지 않아요. 내 삶과 그 모든 좋은 것들을 한번도 느껴 보지 못했어요."

산에서 묵상하던 열흘째, 눈물샘이 터져 흐느낌으로 변했다. 메어리 마이클 오셔네시가 즐겨한 말처럼 "무너짐은 돌파구로 이어질 때가 많다." (내 냉담함과 누구에게도 지지 않던 모습은, 다분히 부드러운 말과 포근한 품을 상실했으면서도 끝끝내 슬퍼하지 않은 데서 온 것이다.) 울고 애통하는 자는 복이 있나니.

그렇게 슬픔의 잔을 마시면서 놀라운 일이 벌어졌다. 멀리서 음악과

춤소리가 들려온 것이다. 나는 절뚝거리며 집에 돌아온 탕자였다. 구경꾼이 아니라 당사자였다. 거짓 자아가 사라졌고 나는 하나님의 돌아온 자녀로서의 내 참 자아를 만났다. 칭찬받고 인정받으려던 내 욕구가 가라앉았다.

전에는 매사를 완벽하게 해내지 않는 한 자신이 안전하게 느껴진 적이 없었다. 완벽해지려는 열망이 하나님을 향한 내 열망을 능가했다. 모 아니면 도의 사고방식에 지배당하던 나는 연약함을 못난 모습으로, 기복을 겁나는 일로 해석했다. 나는 긍휼과 자기수용을 부적절한 반응으로 일축했다. 패배감과 열등감에 지칠 대로 지친 나는 자존감을 잃었고 그리하여 경미한 우울증과 무거운 불안 증세가 찾아왔다.

무의식중에 나는 나 자신에 대한 감정을 하나님께 투사하고 있었다. 나 자신이 고매하고 너그럽고 사랑 많고 상처나 두려움이나 눈물 따위는 하나도 없는—**완벽한!**—존재로 보일 때에만 하나님이 안전하게 느껴졌다.

그러나 그 눈부신 아침, 콜로라도 로키산맥의 깊은 산골 오두막에서 나는 숨었던 데서 나왔다. 예수님은 완벽주의 행위의 휘장을 걷어 주셨다. 용서받고 자유를 얻은 나는 집으로 달려갔다. 내 곁에 계신 분이 있음을 **알았기** 때문이다. 하나님의 집요한 불가항력적 사랑에 대해 그동안 내가 말하고 글로 썼던 모든 표현이 드디어 내 것이 되어 느껴졌다. 영혼 깊이 잠긴 내 뺨으로 눈물이 흘러내렸다. 그날 아침 나는 말이란 실체에 비하면 지푸라기에 지나지 않는다는 사실을 깨달았다. 나는 하나님의 사랑을 가르치기만 하던 자리에서 아바 아버지의 기쁨이 되는 자리로 도약했다. 나는 무서운 감정과 작별하고 안전한 감정을 **샬롬**으로 맞이했다.

자신이 안전한 자리에 있다고 느낀다는 것은 무슨 말일까? 다음은 그날 오후 내 일기에 적은 내용이다.

> 안전하게 느낀다는 것은 머릿속에서 살던 삶을 멈추고 가슴으로 내려가 그분이 날 좋아하시고 받아 주심을 느끼는 것이다.……더 이상 숨을 필요도 없고 책, TV, 영화, 아이스크림, 얄팍한 대화로 산만해질 필요도 없다.……과거로 도피하지도 않고 미래로 달아나지도 않고 현재 순간에 머무는 것, 지금 현재에 대해 깨어 있어 집중하는 것이다.……안절부절 못하거나 과민해지지 않고 편안한 느낌이다.……남들을 감동시키거나 호감을 사거나 나한테 시선을 끌 필요가 없다.……자신이 의식되지 않는 상태, 나 자신과의 새로운 존재양식, 세상에서의 새로운 존재양식……다음에 무슨 일이 벌어질지 불안하지 않고 두렵지 않고 침착한 상태……사랑받는 소중한 존재……함께 있는 것 자체가 목표인 상태.

그러나 이런 체험을 말하다 보면 더 그럴듯한 가면을 쓰고 새로운 거짓 자아를 만들어 낼 위험성이 있다. "이런 체험은 시들해진 믿음을 굳게 해주고자 연약한 형제자매들에게 주어지는 것"이라던 아빌라의 테레사(Teresa of Avila)의 준엄한 말이 생각난다. '하나님의 은혜'에 공로를 돌리는 것조차도 미묘한 자기과시가 될 수 있다. 그 표현도 사실상 기독교의 상투어가 되어 버렸기 때문이다.

우리 시대의 가장 사랑받는 영성의 길잡이 토머스 머튼은 어느 날 동료 수사에게 이렇게 말했다. "내가 만일 자신이 토머스 머튼이라는 사실에 토를 단다면 나는 죽은 것이네. 자네가 만일 자신이 돼지우리 책임자라는 사실에 토를 단다면 자네는 죽은 것이네." 머튼의 해답은? "점수 계산을 완전히 그만두고 자신의 모든 죄성까지도 하나님께 드려라. 그분 눈에는 점수도 보이지 않고 점수를 계산하는 자도 보이지 않고 오직 그리스도로 말미암아 구속받은 자녀만 보인다."[11]

600년 전 노르위치의 줄리안도 이 놀랍도록 간명한 진리를 깨닫고 이렇게 썼다. "우리 중에는 하나님이 전지전능하셔서 무슨 일이든 하실 수 있고 사랑이 많으셔서 실제로 모든 일을 다 해주신다고 믿는 이들이 있다. 우리는 거기서 더 나가지 못한다. 내가 보기에 이 무지야말로 하나님의 사랑하시는 자들을 가로막는 모든 장애물 중 최대의 것이다."[12]

또 있다. 사도 바울의 다음 말을 생각해 보라. "그들이 은밀히 행하는 것들은 말하기도 부끄러운 것들이라. 그러나 책망을 받는 모든 것은 빛으로 말미암아 드러나나니 드러나는 것마다 빛이니라"(엡 5:12-13).

하나님은 우리의 부끄러운 행위들을 용서하고 잊으실 뿐 아니라 그 어두움을 빛으로 바꾸신다. 하나님을 사랑하는 자에게는 모든 것이 합력하여 선을 이룬다. 히포의 어거스틴은 "우리의 죄까지도"라고 덧붙였다.

요한복음 5:1-4을 토대로 한 손튼 와일더(Thornton Wilder)의 단막극 '물을 휘저은 천사'에 보면, 천사가 물을 휘저을 때마다 나타나는 베데스다 연못의 치유력이 잘 그려져 있다. 일착으로 서서 자신의 애수

(哀愁)를 치료받고 싶은 마음에 한 의사가 이 연못에 꾸준히 찾아온다. 드디어 천사가 나타나지만 천사는 막 물속으로 들어가려는 의사를 가로막는다. 천사는 의사에게 지금은 그의 때가 아니라며 물러날 것을 명한다. 의사는 상한 목소리로 도움을 간청하지만, 천사는 그를 고쳐 줄 뜻이 없음을 강변한다.

대화가 계속되다가 천사의 입에서 예언의 말이 나온다. "상처가 없다면 그대의 힘이 어디 있겠는가? 그대의 떨리는 저음이 사람들 마음속에 파고드는 것도 그 애수 때문이다. 심지어 천사들도, 삶의 수레바퀴가 깨어진 한 인간이 할 수 있는 것만큼 지상의 불쌍하고 서투른 자녀들에게 믿음을 심어 줄 수는 없는 법이다. 다친 병사들만이 사랑이신 그분을 섬길 수 있다. 의사여, 물러나라."

얼마 후, 연못에 처음 들어가 나은 사람이 자신의 행운을 기뻐하며 의사를 보고 말한다. "나와 함께 갑시다. 우리 집까지는 한 시간밖에 안 걸립니다. 내 아들이 어두운 생각에 사로잡혀 있습니다. 나는 아들을 이해 못합니다. 여태껏 아들의 기분을 좋아지게 해준 사람은 당신뿐입니다. 딱 한 시간이면······내 딸도 있습니다. 딸은 자식을 잃고 침울해 하고 있습니다. 식구들 말은 안 듣겠지만 당신 말이라면 들을 것입니다."[13]

숨어서 나오지 않는 그리스도인들은 계속 거짓 삶을 사는 것이다. 우리는 자기 죄의 실체를 부정한다. 과거를 지우려는 부질없는 수고로 우리는 공동체에서 자신의 치유의 선물을 박탈해 버린다. 두려움과 수치로 자신의 상처를 숨긴다면 우리 내면의 어두움은 나타날 수도 없고 따라서 남의 빛이 될 수도 없다. 과거를 떨쳐야 하는데도 우리는 나쁜 감정에 집착하며 과거로 자신을 친다. 디트리히 본회퍼(Dietrich Bonhoeffer)의 말처럼 죄책감은 우상이다. 그러나 용서받은 자로 당당히 살아갈 때 우리는 상처입은 치유자들의 대열에 들어서며 예수님과 더 가까워진다.

헨리 나우웬은 자신의 고전 「상처입은 치유자」(*The Wounded Healer*)에서 이 주제를 깊이 있고 민감하게 다루었다. 거기 한 랍비가 선지자 엘리야를 찾아가 메시아가 언제 오느냐고 묻는 이야기가 나온다. 엘리야는 랍비에게 메시아가 성문에 앉아 있으니 가서 직접 물어보라고 말한다. 랍비가 "그분을 어떻게 알아봅니까?" 하고 묻자 엘리야는 이렇게 대답한다. "그분은 상처투성이 가난한 자들과 함께 앉아 계십니다. 다른 사람들은 온 상처의 붕대를 한꺼번에 다 풀고는 다시 맵니다. 그러나 메시아는 '내 도움이 필요한 사람이 생길지 모르니 한시라도 지체하지 않도록 늘 준비하고 있어야지' 하고 혼잣말하며 한 번에 하나씩 풀었다 다시 맵니다."[14]

이사야서의 고난받는 종은 자신의 상처를 보고 드러내 치유의 원천으로 공동체 앞에 내놓는다.

은혜와 치유란, 삶에 깨지고 상한 자들의 연약한 모습을 통해 전해진다는 것이 「상처입은 치유자」의 메시지다. 다친 병사들만이 사랑이신 그분을 섬길 수 있다.

알코올 중독 방지회(AA)는 상처입은 치유자들의 공동체다. 정신과 의사 제임스 나이트(James Knight)는 이렇게 말했다.

이 사람들은 자신의 삶을 포기한 채 알코올 중독과 그에 수반되는 문제들로 파멸 직전까지 갔던 이들이다. 중독의 굴레라는 지옥불의 잿더미에서 일어난 그들은 이해심과 민감함을 얻었으며, 동료 알코올 중독자들과 더불어 치유적 만남을 시작하여 유지하고 싶은 마음이 생겼다. 이 만남 속에서 그들은 자신의 상하고 약한 모습을 망각할 수 없으며 실제로 망각하지 않는다. 그들은 상처를 인정하고 수용하고 내놓는다. 나아가 상처를 이용해 자신의 삶을 빛으로 드러내고 든든하게 다지며 동시에 다른 알코올 중독 형제자매들과 때로 아들딸들의 금주 치유를 위해 노력한다. 동료 알코올 중독자들을 보살피고 치료하는 AA멤버들의 성과는 우리 시대 최고의 성공담 가운데 하나이며, 상처를 창의적으로 활용할 때 고통과 아픔의 짐을 덜어 주는 위력이 있음을 보여 주는 살아 있는 증거다.[15]

라이너 마리아 릴케(Rainer Maria Rilke)는 「젊은 시인에게 보내는 편지」에서 자신의 선물, 곧 상처의 효능을 이렇게 설명했다. "너를 위로하려는 내가 시름도 없이 살면서 가끔씩 쉽고 조용한 말로 네게 도움을 준다고는 믿지 말라. 내 삶에는 어려움과 슬픔이 많고 네 삶보다 훨씬 뒤쳐져 있다. 그렇지 않다면 나는 절대 이런 말을 찾을 수 없었을 것이다."[16] 릴케는 자신의 고통과 슬픔의 상처로 인해 자기 내면의 곤고함을 볼 수 있었고 빈자리를 만들 수 있었다. 그 자유로운 공간에 그리스도께서 그분의 치유력을 부어 주셨다. 그의 말은 바울의 고백의 메아리와도 같다. "그러므로 도리어 크게 기뻐함으로 나의 여러 약한 것들에 대하여 자랑하리니 이는 그리스도의 능력으로 내게 머물게 하려 함이라"(고후 12:9).

내 여정을 통해 나는 하나님이 안전하게 느껴질 때에만 나 자신도 안전하게 느껴진다는 사실을 배웠다. 집 떠났던 아들에게 **달려와** 단 한마디도 묻지 않으신 아버를 믿을 때 우리는 속으로부터 자신을 믿을 수 있다.

숨은 데서 나오려는 결단은 예수 그리스도의 치유사역에 들어서는 우리의 입단식이다. 반드시 보상이 있다. 우리는 우리를 자유케 하는 진리 안에 서며, 우리를 온전케 하는 실체 속에서 살아간다.

내 평생 읽은 최고의 책이 열 권 있다면, 그중 조르주 베르나노스(Georges Bernanos)의 「어느 시골 신부의 일기」(*Diary of a Country Priest*)를 빼놓을 수 없다. 서품받은 이후 이 보좌신부는 회의와 두려움과 염려와 불안감으로 고뇌한다. 그의 마지막 날 일기에 이렇게 적혀 있다. "이제 다 끝났다. 나 자신의 존재에 대해 품어 왔던 이상한 의혹이, 내가 믿기로는, 영원히 걷혔다. 갈등이 사라졌다. 나는 자신과, 나 자신의 한없이 초라한 내면과 화해했다. 인간은 얼마나 자신을 미워하기 쉬운가! 참된 은혜는 잊는 데 있다. 그러나 우리 안에 교만이 죽을 수만 있다면, 그리스도의 몸된 교회의 한 지체를 사랑하는 것처럼 가장 단순히 자신을 사랑하는 것이야말로 최고의 은혜이리라. 이 얼마나 중요한 것인가. 은혜는 어디에나 있다."[17]

The Impostor 2
거짓 자아

레오나드 젤리그는 전형적 바보다. 코믹하면서도 시사점이 많은 우디 앨런(Woody Allen)의 '젤리그'(Zelig)라는 영화에서 그는 허구의 명사(名士)로 등장한다. 그는 어디에나 들어맞는다. 상황이 벌어질 때마다 실제로 성격을 바꾸기 때문이다. 그는 모핼리스 영웅계곡에서 화려한 카퍼레이드를 벌이고, 미국 대통령 허버트 후버와 캘빈 쿨리지 사이에 서고, 프로 권투선수 잭 뎀시와 어릿광대 노릇을 하며, 극작가 유진 오닐과 연극을 논한다. 히틀러가 지지세력을 누렘베르크에 집결시키자 레오나드도 연사들의 연단에 함께 서 있다.

그는 자기만의 성격이 없다. 그래서 아무나 성격이 강한 사람을 만나면 그대로 따라한다. 중국인들과 함께 있으면 금방 중국에서 온 사람이 된다. 랍비들과 함께 있으면 기적처럼 턱수염과 귀밑머리를 기른다. 정신과 의사들과 함께 있으면 그들의 전문용어를 흉내 내며 짐짓 현자인 양 턱을 쓰다듬는다. 바티칸에 가면 교황 피오 11세를 수행하는 성직자가 된다. 춘계 훈련장에 가면 양키팀 유니폼을 입고 베이브 루스의 다음 타자로 대기장소에 서 있다. 그는 피부색이 검은 재즈 트럼펫 주자가 되었다가 배 나온 뚱보가 되었다가 다시 모호크족 인디언의 얼굴로 변한다. 그는 카멜레온이다. 주변 세상이 변하는 대로 피부색과 말투와 체형이 바뀐다. 그는 자기만의 생각이나 의견이 없다. 그저 동조할 뿐

이다. 안전과 소속과 수용과 호감만을 바랄 뿐이다.……그는 비존재, 무인간의 달인이다.[1]

내 속에 레오나드 젤리그의 모습이 이처럼 많지만 않아도 사람들에게 영합하는 앨런의 캐리커처에 코웃음칠 수 있으리라. 이기적 열망에 찌든 내 철두철미한 **허상**은 천의 얼굴의 소유자다. 무슨 일이 있어도 내 번지르르한 이미지를 지켜야 한다. 타인의 불만이나 분노를 살 수 있다는 생각만으로도 내 거짓 자아는 벌벌 떤다. 직선적으로 말할 수 없기에 그는 모호하게 얼버무리고, 질질 끌며, 거절당할까 두려워 침묵으로 일관한다. 제임스 매스터슨(James Masterson)이 「참 자기」(*The Search for the Real Self*)에 쓴 것처럼 "거짓 자아는 그 기만의 역할로 표면상 우리를 보호하지만, 그래봐야 우리는 버림받고 지지를 잃어 혼자 힘으로 쩔쩔매며 홀로 서지 못할 것 같은 두려움을 벗어날 수 없도록 되어 있다."[2]

거짓 자아는 두려움 속에 살아간다. 오랜 세월 나는 스스로 시간을 잘 지킨다고 자부했다. 그러나 콜로라도 오두막의 침묵과 고독 속에서 나는 내 시간 엄수가 실은 인간의 비난에 대한 두려움에 뿌리를 두고 있음을 깨달았다. 어린 시절 권위적 인물들로부터 듣던 비난의 소리가 아직도 내 내면에 고착되어 있어 책망과 제재에 대한 경계심을 불러일으키는 것이다.

거짓 자아는 수용과 인정에 집착한다. 남의 마음에 들어야 한다는 숨막히는 부담 때문에 거짓 자아는 "예"라고 말할 때처럼 확신 있게 "아니요"라고 말할 수 없다. 그래서 사람과 일과 사업에 과도하게 자신을 내준다. 동기는 개인적 헌신이 아니라 남들의 기대에 못 미칠까 봐 두려워하는 마음이다.

이 거짓 자아는 어린 시절 우리가 충분히 사랑받지 못하거나 거부당하거나 버림받을 때 생겨났다. 존 브래드쇼(John Bradshaw)는 종속관계를 "정체감 상실의 특성을 보이는" 질환으로 정의한다. "종속된다는 것은 자신의 감정, 필요, 갈망과 단절됨을 뜻한다."[3] 거짓 자아는 종속관계의 전형이다. 수용과 인정을 얻기 위해 거짓 자아는 감정을 억누르거나 위장하며, 따라서 정서적 정직성이 불가능해진다. 거짓 자아로 살다 보면 사람들에게 완벽한 이미지를 보여야 한다는 강박관념이 생긴다. 만인이 나를 좋아하되 아무도 내 실상을 알 수 없도록 말이다. 거짓 자아의 삶은 흥분과 우울의 기복이 끝없이 되풀이되는 롤러코스터다.

거짓 자아는 의미의 출처를 찾아 외부의 체험에 매달린다. 돈과 권력과 외모와 성적 쾌락과 인정과 지위의 추구는 내가 중요한 존재라는 느낌을 더해 주며 성공의 환상을 가져다준다. 거짓 자아는 곧 그의 **행위**다.

오랜 세월 나는 사역행위를 통해 내 참 자아로부터 숨었다. 나는 설교와 집필과 강연을 통해 하나의 정체를 만들어 냈다. 대다수 그리스도인들이 나를 좋게만 생각해 주면 내 문제는 다 없어지는 것이라고 합리화했다. 사역의 성공에 투자하면 할수록 내 거짓 자아는 더 진짜가 되었다.

거짓 자아는 우리로 하여금 조금도 중요하지 않은 것에 중요성을 부여하게 만들고, 실상과 거리가 먼 것에 그럴듯한 거짓 옷을 입힌 채 실체를 외면하게 만든다. 거짓 자아는 우리로 하여금 망상의 세계 속에 살게 한다.

거짓 자아는 거짓말쟁이다.

거짓 자아는 집요하리만큼 우리를 눈멀게 해, 빛을 보지 못하게 한다. 자신의 공허하고 텅 빈 실상을 보지 못하게 한다. 우리는 내면의 어둠을 인정할 수 없다. 오히려 거짓 자아는 자신의 어둠을 가장 밝은 빛인 양 우겨 진실을 말살하고 실체를 왜곡한다. 사도 요한의 말이 생각난다. "만일 우리가 죄가 없다고 말하면 스스로 속이고 또 진리가 우리 속에 있지 아니할 것이요"(요일 1:8).

어린 시절 칭찬에 굶주렸던 내 거짓 자아는 날마다 끝 모르는 인정 욕구에 빠져든다. 그리스도와 함께 하나님 안에 감추인 내 참 자아는 "여기 이웃들이 있다!"고 외치건만 나는 무성(無聲)의 나팔을 앞세운 채 잔뜩 가면을 쓴 얼굴로 방에 들어가 사람들을 보며 "나 여기 있다"고 소리친다. 거짓 자아는 알코올 중독자의 술과 유난히 닮은 데가 있다. 즉 교활하고 막무가내인데다 위력적이다. 거짓 자아는 간교하다.

수전 하워치(Susan Howatch)의 초기 소설 중 하나인 「가식적 이미지」(Glittering Images)에 보면, 젊고 총명한 성공회 신학자인 주인공 찰스 애쉬워스가 갑자기 도덕적으로 완전히 무너져 내리는 대목이 나온다. 아버지와 멀어져 부성의 축복이 그리워지자 애쉬워스는 수도원으로 자기 신앙의 스승을 만나러 간다. 존 대로우라는 노인이다. 애쉬워스는 자신이 속물 성직자요 영적 실패자로 드러날까 봐 겁낸다. 그래서 교활하게 그의 거짓 자아가 끼어든다.

처참히 실패했다는 생각만으로 이미 무서울 만큼 무서웠다. 거기다 대로우를 실망시킨다는 생각까지는 견딜 수 없었다. 겁에 질린 나는 내 약한 모습을 덮어 줄 해답을 궁리했다. 그날 저녁 내 방에 돌아온 대로우에게 내 가식적 이미지는 이렇게 말했다. "신부님, 신부님에 대한 이야기를 더 듣고 싶습니다. 알고 싶은 것이 아주 많습니다."

그렇게 말하고 나자 나는 곧 편안해졌다. 이것이야말로 노인들의 호의를 얻어 내는 절대 보증의 수법이다. 그들의 지난 인생에 대해 물은 뒤 모범 제자다운 뜨거운 관심으로 들어주면 된다. 그러면 부성의 애정이 흡족한 보상으로 돌아오게 되어 있다. 물론 그 애정은 눈이 가려져 내가 그토록 몸부림치며 감추려 하는 모든 잘못과 실패를 볼 수 없다. "신부님의 해군시절 이야기를 해주십시오!" 나는 온갖 다정함과 상냥함을 동원해 대로우에게 졸랐다. 그러나 내 실패의 두려움을 마비시켜 줄 반응을 배짱 좋게 기다렸음에도 대로우는 침묵했다.……내 가식적 이미지의 음모가 고통스레 느껴질 즈음 또다시 침묵이 시작되었다.[4]

거짓 자아는 내 텅 빈 실체를 가리는 붕대의 크기와 모양과 색깔에 연연해 한다. 거짓 자아는 체중에 집착하라고 나를 부추긴다. 피넛버터 바닐라 아이스크림 한 통을 맛있게 먹어 버린 뒤 이튿날 아침 체중이 조금이라도 올라가면 나는 맥이 쭉 빠진다. 청명하고 아름다운 하루가 나를 부르건만 자기밖에 모르는 거짓 자아한테는 장미꽃도 예뻐 보이지 않는다. 예수님은 이런 소소한 허영(가게 쇼윈도에서 물건 보는 척하면서 슬쩍 내 몸매를 살피는)을 보며 웃어넘기시겠지만, 그것은 내주시는 하나님으로부터 내 시선을 멀어지게 하며 일시적으로 내게서 성령의 기쁨을

앗아 간다. 그럼에도 거짓 자아는 허리선과 전체적 외모에 대한 내 집착을 합리화하며 "뚱뚱하고 너저분한 이미지는 네 사역의 신빙성을 깎아내릴 거야"라고 속삭인다. 교활하다.

나만의 모습은 아닐 것이다. 북미의 자아 도취적 체중조절 강박관념은 거짓 자아의 무서운 책략이다. 건강상 정당하고 중요한 요인이기는 하지만, 그럼에도 불구하고 날씬한 몸매를 가꾸고 유지하느라 소모되는 시간과 에너지의 양은 어마어마하다. 계획 없는 간식이란 있을 수 없다. 손 가는 대로 하나라도 입에 넣었다가는 큰일이다. 음식마다 일일이 칼로리를 따진다. 딸기 한 알도 그냥 넘어갈 수 없다. 전문가의 지시를 받는다. 책과 잡지를 꼼꼼히 뒤진다. 헬스클럽에 등록한다. 공중파 TV에서 단백질 다이어트의 장점을 놓고 논란을 벌인다. 모델 같은 외모를 갖는 황홀한 기쁨에 비해 영적 환희란 도대체 무엇인가? 울시(Wolsey) 추기경의 말을 좀 바꾸어 "내 허리선을 살피는 정성으로 하나님을 섬긴다면 얼마나 좋을까!"

거짓 자아는 어떻게든 눈에 띠려 한다. 칭찬받고픈 욕망에 부질없이 육체적 만족을 찾아다닌다. 붕대가 곧 거짓 자아의 정체다. 외모가 모든 것이다. 거짓 자아는 실상보다 모양에 매달리므로 결국 '어떻게 보이는가'가 행동기준이 된다.

어느 신간서적을 중간쯤 읽노라니 저자가 이전의 내 책 일부를 인용한 구절이 있었다. 즉시 내가 중요한 인물이라도 된 것처럼 뿌듯한 만족감이 밀려왔다. 기도로 예수님을 만나 내 참 자아를 접하면서 나는 무소부재의 거짓 자아와 다시 부딪쳤다.

"모든 인간은 거짓 자아라는 허구의 인물에 가려져 있다." 토머스 머튼의 말이다. 그의 설명은 이렇게 계속된다.

거짓 자아야말로 나 스스로 되기 원하는, 그러나 존재할 수 없는 인간이다. 하나님은 그에 대해 전혀 아시는 바가 없기 때문이다. 하나님이 모르시는 존재라면 분명 프라이버시가 과한 것이다. 내 프라이버시의 거짓 자아는 하나님의 뜻과 하나님의 사랑이 미칠 수 없는 곳—실체의 바깥, 삶의 바깥세상—에 존재하고 싶어 하는 자아다. 그런 자아는 허구일 수밖에 없다. 우리는 허구를 알아보는 데 아주 미숙하다. 애지중지하는 자신에 대한 허구—태어날 때부터 가지고 나와 죄의 뿌리를 키우는 허구—는 더 말할 것도 없다. 이 세상 대다수 사람들에게, 자신의 존재라고 할 수 없는 이 거짓 자아보다 더 큰 주관적 실체란 없다. 이 허상의 그림자에 바쳐진 삶을 죄의 삶이라 한다.[5]

머튼의 죄 개념은 개별적 죄의 행위가 아니라 가식적 삶이라는 근본 노선에 중점을 두고 있다. 어거스틴은 "기본적 사랑은 두 가지밖에 있을 수 없다. 자아를 잊을 정도로 하나님을 사랑하는 사랑과 하나님을 잊고 부인할 정도로 자아를 사랑하는 사랑이다"라고 말했다. 근본 노선은 우리 **존재의 핵심**에서 생겨나 일상적 실존의 구체적 선택들로 표출된다. 즉 우리는 이기적 욕망에 지배받는 거짓 자아를 택할 수도 있고 그리스도와 함께 하나님 안에 감추인 참 자아를 택할 수도 있다.

인간의 모든 행동이 존재의 핵심에서 나오는 것은 아님을 알아 두는 것도 좋다. 예컨대 한 남편이 혼인서약을 통해 아내를 사랑하고 존중할 것을 진심으로 선택한다. 그러나 어느 무더운 여름날 그는 흥분하여 아내와 한바탕 격렬한 싸움을 벌인다. 그럼에도 그는 자신의 선택을 철회하지는 않는다. 자신의 분노가 영혼의 심연에서 비롯된 것이 아니라 성품의 표면에서 나온 것이기 때문이다. 그 분노의 행위는 그의 존재의 핵심을 건드리거나 한 인간으로서 그의 전폭적 헌신을 대변하지 못한다.

거짓 자아는 성취에서만 아니라 대인관계에서 정체를 얻으려 한다. 거짓 자아는 유력한 사람들과 잘 지내고 싶어 한다. 그래야 자신도 중요한 사람처럼 느껴지고 이력이 화려해지기 때문이다.

콜로라도 로키산맥의 어느 고독한 밤에 나는 이런 메시지를 들었다. "브레넌, 너는 단체의 특정 멤버들한테는 정성과 심혈을 다하지만 그 밖의 사람들은 건성으로 대하고 있다. 실세와 부와 카리스마를 갖춘 이들, 네가 보기에 재미있거나 멋있거나 예쁘거나 유명한 자들한테는 온전히 마음을 내주면서 네가 보기에 평범하거나 초라한 자들, 천한 일이나 하며 주목받지 못하는 이름 없는 하층민들을 대할 때는 태도가 달라진다. 브레넌, 내게 이것은 작은 일이 아니다. 상대의 처지와 상관없이 날마다 그들을 대하는 네 모습이야말로 신앙의 진정한 시험이다."

그날 밤 깜빡 졸다가 꿈을 꾸었다. 내 마음의 화면 속에 두 개의 대조적 이미지가 춤추고 있다. 키 190센티미터, 몸무게 84킬로그램의 멋지게 다듬어진 20대 초반의 운동선수 칼튼 헤이즈가 특유의 밝은 웃음을 지으며 트램펄린에서 뛰고 있다. 군중이 모여든다. 그는 이번에는 줄넘기를 하며 근육의 협응성과 민첩성과 우아함을 한껏 뽐낸다. 구경꾼들은 환호성을 지른다. 그러자 운동선수는 "하나님께 영광을!"이라고 소리친다.

그때 그의 수행원 중 하나인 모가 음료수 잔을 들고 다가온다. 50대 초반의 모는 키 162센티미터의 배불뚝이다. 양복은 구겨져 있고 와이셔츠는 칼라가 터진데다 넥타이도 비뚤어져 있다. 관자놀이부터 멋대로 헝클어진 숱 없는 은백색 머리가 뒤통수에 이르러 회색과 검은색의 덥수룩한 머리와 만난다. 이 왜소한 수행원은 면도도 하지 않았다. 튀어나온 광대뼈와 한쪽의 의안(義眼) 때문에 구경꾼들은 눈을 돌린다.

"에이, 재수 없어." 한 사람이 말한다.

"그래도 스타한테 붙어 알랑거려 보겠다고." 다른 사람이 덧붙인다.

둘 다 모와는 거리가 먼 말이다. 그의 마음은 그리스도와 함께 아버지의 사랑 안에 묻혀 있다. 그는 전혀 자신을 의식하지 않고 무리 속을 지나 영웅에게 정중히 음료수를 건넨다. 그는 자신의 섬기는 역할이 아주 익숙하고 편안하다(예수님도 친히 섬기시는 모습을 통해 모에게 처음 자신을 계시하셨고 그의 삶을 변화시켜 주셨다). 모는 자신이 안전하게 느껴진다.

그날 밤 칼튼 헤이즈는 50개 각 주에서 참석한 기독 체육인협회 만찬석상에서 본연설을 하기로 되어 있다. 최초의 올림픽 금메달 8관왕으로서 워터포드 크리스털컵이라는 포상도 그를 기다리고 있다.

리츠칼튼 호텔에는 5천 명의 사람들이 모였다. 정계, 스포츠계, 연예계의 화려한 면면들이 실내를 가득 메웠다. 헤이즈가 연단에 오를 즈음, 사람들은 최고급 식사를 마치던 참이다. 헤이즈의 연설은 그리스도의 능력에 대한 언급과 하나님께 대한 태연한 감사 일색이다. 사람들 마음에 감동이 인다. 남녀 할 것 없이 눈물을 흘린 뒤 기립박수를 보낸다.

그러나 번드르르한 연설 이면에 칼튼의 공허한 시선은 그의 말이 영혼에서 우러난 것이 아님을 보여 준다. 스타덤에 오르면서 그는 예수님과 함께하는 시간을 잃었다. 하나님과의 친밀한 관계는 아득히 사라졌다. 성령의 속삭임은 고막을 찢을 듯한 박수갈채에 묻혀 버렸다.

성공과 군중의 함성에 붕 뜬 올림픽 영웅은 매끄럽게 테이블 사이를 오간다. 그는 웨이터들로부터 영화 스타들에 이르기까지 모든 이에게 비위를 맞춘다.

한편 모는 허름한 여인숙에서 혼자 냉동 인스턴트식품으로 저녁을 때우고 있다. 그는 리츠칼튼 호텔의 만찬에 초대받지 못했다. 솔직히 그런 곳에 잘 어울리지 않기 때문이었다. '재수 없게' 생긴 의안의 배불뚝이 수행원이 로널드 레이건, 찰턴 헤스턴, 아널드 슈워제네거 같은 이들과 나란히 자리를 함께한다는 것은 정말 안 어울리는 일이리라.

모는 여관방 탁자에 앉아 눈을 감는다. 십자가에 달리신 그리스도의 사랑이 가슴속에 밀려든다. 두 눈에 눈물이 고인다. "예수님, 고맙습니다." 그는 전자레인지에 데운 라자냐의 비닐뚜껑을 뜯으면서 속삭인다. 그는 성경책 시편 23편을 편다.

나도 그 꿈속에 있었다. 내가 그날 저녁을 보내기로 선택한 곳은 어디였던가? 내 거짓 자아는 턱시도를 빌려 입고 리츠칼튼 호텔로 갔다.

이튿날 나는 새벽 4시에 오두막에서 깨어나 샤워하고 면도한 뒤 커피 한잔을 끓여 놓고 성경책을 뒤적였다. 고린도후서의 한 구절에서 시선이 멎었다. "그러므로 우리가 이제부터는 어떤 사람도 육신을 따라

알지 아니하노라"(5:16). 세상에! 나는 꿈속에서조차 거짓 자아를 끌고 다닌 것이다.

하워치의 소설에 나오는 찰스 애쉬워스라는 인물에 공감이 간다. 신앙의 스승은 그에게 이렇게 말한다. "찰스, 사람들의 호감과 인정이 너한테 대단히 중요하다고 추론한다면 내가 네 말을 너무 속속들이 읽은 것일까?"

그러자 애쉬워스는 소리친다. "그야 물론 중요하지요. 누구에게나 중요한 것 아닙니까? 인생이란 그런 것 아닙니까? 성공이란 사람들이 나를 좋아하고 인정해 주는 것입니다. 실패란 거부당하는 것입니다. 누구나 아는 사실입니다."[6]

가슴 아픈 아이러니는 거짓 자아란 어떤 관계에서도 친밀함을 맛볼 수 없다는 것이다. 그의 나르시시즘이 사람들을 밀쳐 낸다. 자신과 친할 수 없고 자신의 감정, 직관, 통찰과 단절되어 있기에 거짓 자아는 타인의 기분, 필요, 꿈에도 둔감하다. 쌍방적 나눔이 불가능하다. 거짓 자아가 살아온 삶은 남들로부터 감사와 칭찬을 받을 만한 성취, 성공, 바쁜 삶, 자기중심적 활동이 주를 이룬다. 의학박사 제임스 매스터슨은 "우리로 하여금 참 자아의 실상을 알지 못하게 하고, 자신의 불행의 근본 원인을 파헤치지 못하게 하며, 자신의 참 모습-약하고 두렵고 겁 많고 참 자아를 표출할 줄 모르는 모습-을 보지 못하게 하는 것이 곧 거짓 자아의 본성이다"라고 말했다.[7]

거짓 자아가 그런 함량 미달의 삶을 감수하는 까닭은 무엇일까? 첫째, 자기기만의 틀이 된 유년의 억압된 기억이 너무 고통스러워 떠올릴 수 없어서, 그런 기억이 계속 감쪽같이 숨겨져 있기 때문이다. 과거의 희미한 목소리들이, 분노의 징계로 버림받을 것 같은 막연한 감정을 자극한다. 매스터슨의 요약이 꼭 들어맞는다. "거짓 자아는 고성능 방어 레이더를 갖추고 있다. 레이더의 목표는 친밀함의 필요를 희생하는 한이 있더라도 거부당하는 감정을 피하는 것이다. 이 시스템은 인생 초기에 형성된다. 그때는 엄마에게 혼날 일이 무엇인지 감지해 내는 것이 중요할 때다."[8]

거짓 자아가 미흡한 삶을 감내하는 두 번째 이유는 순전히 케케묵은 비겁함 때문이다. 어렸을 때만 해도 나는 속수무책 무력한 자신을 인정하며 정정당당히 잘못을 시인할 수 있었다. 그러나 나이가 들어 깊은 사랑과 애정으로 강해지고 끝없는 인정으로 단련된 지금도 내 삶이 여전히 두려움을 바탕으로 돌아가고 있음을 나는 고통스레 인정하지 않을 수 없다. 나는 명백한 불의의 상황에 침묵하곤 했다. 거짓 자아는 임무를 훌륭히 수행해 냈건만, 나는 대인관계에 수동적 역할을 자처했고 창의적 사고를 억압했고 내 진짜 감정을 부정했고 남들이 겁을 주어도 그냥 있었으며, 그러면서도 주님께서 나를 평화의 도구로 쓰기 원하신다는 시답잖은 논리로 내 행동을 합리화했다.……무엇을 대가로 한 평화란 말인가?

머튼은 거짓 자아에 바친 삶은 죄의 삶이라 했다. 참 자아로서 생각하고 느끼고 행동하고 반응하며 살아야 함에도, 비겁하게 그것을 외면함으로써—거부당할까 봐 두려워—나는 죄를 지었다. 물론 거짓 자아는 "문제의 뿌리는 소소한 것이니 무시해야 한다고, '성숙한' 인간은 그런 시시한 일로 심기를 불편해 하지 않는다고, 자신의 꿈과 희망에 부당한 한계를 가하고 함량 미달의 삶을 받아들어야 하는 한이 있더라도 절대 마음의 평정을 잃어서는 안 된다고 억지 주장을 편다."9

우리는 하나님한테까지도 참 자아가 되기를 거부한다. 그래놓고는 왜 그분과 친하지 못한지 고민한다. 우리 심령의 가장 깊은 열망은 하나님과 연합하는 것이다. 존재의 첫 순간부터 우리의 가장 간절한 갈망은 인생 본연의 목표―"그분을 더 분명히 보고 그분을 더 깊이 사랑하고 그분을 더 가까이 따르는 것"―를 실현하는 것이다. C. S. 루이스(Lewis)는 자신이 "예기치 못한 기쁨에 놀랐다"고, "이전의 모든 일들도……그에 비하면 사소해지고 말" 열망에 사로잡혔다고 고백할 수 있었다. 우리 심령은 그분 안에서 쉼을 얻기까지는 늘 불안하게 되어 있다. 제프리 임배치(Jeffrey D. Imbach)는 「사랑의 회복」(The Recovery of Love)에 이렇게 썼다. "본질상 기도란 사랑을 갈망하는 우리 심령의 표출이다. 기도는 요구사항의 나열이라기보다는 최대한 온전히 하나님과 연합하고 싶은 우리 자신의 가장 깊은 요구를 호흡하는 것이다."10

자신의 내면에서 기도에 대한 저항을 보고 놀란 적이 있는가? 침묵과 고독, 하나님과 단둘이 있는 것에 대한 자신의 실존적 두려움에 놀란 적이 있는가? '지나가면 그뿐인데' 하는 생각으로 가까스로 일어나 아침 찬송을 드리고, 영적 슬럼프에 빠진 불치병 환자들에게 억지로 가서 예배를 인도하고, 금욕적 체념으로 밤기도를 견디는 자신의 모습에 놀란 적이 있는가?

거짓 자아를 조심하라!

거짓 자아는 위험한 위장의 명수다. 하나님과 친해지는 데 반드시 필요한 노력과 금욕과 훈련에 저항하는 그는 자아의 게으른 일면이다. 그는 이런 식의 합리화를 부추긴다. "내 일이 곧 기도야. 나는 너무 바빠. 게다가 기도란 저절로 우러나는 것이라야 돼. 그러니 나는 성령의 감동이 있을 때만 기도할 거야." 거짓 자아의 옹색한 변명은 우리를 현상유지에 급급하게 한다.

거짓 자아는 혼자 있는 것을 겁낸다. "안팎으로 침묵에 잠기면 자신이 아무것도 아님을 깨닫게 된다는 것을 잘 알기 때문이다. 그렇게 되면 자신이 텅 빈 존재라는 사실만 남고 모든 것이 사라진다. 자신이 모든 것이라고 주장하는 거짓 자아에게 이런 깨달음은 곧 파멸과 같다."[11]

분명 거짓 자아는 기도중에도 좀이 쑤셔 가만히 있지 못한다. 그는 흥분을 갈망하며 감정 변화의 체험을 탐한다. 그는 남의 시선을 놓치면 침울해진다. 거짓 자아는 하나님의 음성을 절대 듣지 못하기에 좌절한다. 듣지 못할 수밖에 없다. 하나님 입장에서는 아무도 보이지 않으니 말이다. 하나님한테서 나오지 않은 모든 정체에게 기도란 죽음이다. 침묵과 고독은 죽음을 떠올리기에 거짓 자아는 거기서 도망친다. 저자 파커 팔머(Parker Palmer)는 "철저한 침묵과 누구도 닿지 않는 홀로 됨이야말로 삶을 제대로 살고 있다는 두 가지 신호다. 반면, 활동과 생생한 소통은 삶의 표출이기도 하지만 동시에 우리로 하여금 어느 날 인생이 끝난다는 사실을 보지 못하게 만든다"고 말했다.[12]

거짓 자아의 달뜬 생활방식은 감히 죽음을 생각하지 못한다. 다음과 같은 견딜 수 없는 진상에 부딪치기 때문이다. "지금 네 몸의 껍데기 속에 본질이란 없다. 너는 텅 빈 존재다. 네 쾌락과 야망의 구조물에는 기초가 없다. 너는 객관적 대상일 뿐이다. 그 모든 것은 필연이 아니기에 파멸할 수밖에 없다. 쾌락과 욕망이 떠난 후 네게 남을 것은 벌거벗고 공허하고 텅 빈 네 모습뿐이다. 그것만이 남아서 네가 너 자신의 실패작임을 말해 줄 것이다."[13]

거짓 자아에 대한 이런 생체 해부는 왠지 자신한테 채찍질을 휘두르는 매저키즘 행위처럼 보인다. 그런 치열한 내적 성찰은 자멸의 길이 아닌가? 정말 필요한 일인가?

필요한 정도가 아니라 영적 성장에 필수라는 것이 내 소신이다. 우리는 숨어 있는 거짓 자아를 불러내 받아들이고 끌어안아야 한다. 거짓 자아는 내 전체 자아의 빼놓을 수 없는 한 부분이다. 무엇이든 존재를 부정하면 치유도 요원하다. 자신이 종종 비현실 세계 속에 살고 하나님과의 관계를 사소히 여기며 헛된 야망에 쫓긴다는 것, 그것을 겸손히 인정하는 일이야말로 내 가식적 이미지를 허무는 첫 일격이다. 거짓 자아를 빤히 노려보려는 정직한 각오가 있을 때 자기기만의 강철뚜껑은 폭파된다.

진실을 받아들이는 곳에 평안이 있다. 거짓 자아의 이런저런 면을 끌어안지 않을 때 그것은 적이 되어 우리를 방어적 자세로 몰아간다. 사이먼 터그웰의 말처럼 "우리 자신의 버려진 조각들은 재빨리 주변 사람들 안에서 다시 태어난다. 모든 적의가 거기서 비롯되는 것은 아니지만 그것은 우리의 대인관계 무력증의 한 가지 주요 요인이다. 즉 인정하지 않았던 내 내면의 모습들이 정확히 다른 이들의 모습으로 내게 다가오는 것이다."[14]

자신의 이기심과 어리석음을 깨달을 때 우리는 거짓 자아와 친구가 되고, 자신의 깨어지고 초라해진 모습을 받아들이며, 혹 그렇게 초라하지 않았다면 내가 하나님이 될 뻔했음을 깨닫는다. 자신을 감싸 안을 때 우리는 타인도 감싸 안을 수 있다. 기도로 하나님께 나아가려면 그것은 당연한 선결조건이다.

거짓 자아를 미워하는 것은 사실상 자기혐오다. 거짓 자아와 나는 한 인간을 이룬다. 거짓 자아를 경멸하면 적의에 틈이 열리며, 그 적의는 일반화된 짜증으로 나타난다. 즉 자기 내면의 싫은 단점들을 다른 사람들 속에서 볼 때도 짜증이 생긴다. 자기혐오는 언제나 모종의 자기파괴적 행동을 낳는다.

자기죄성의 실체를 받아들이는 것은 곧 자신의 참 자아를 받아들이는 것이다. 가룟 유다는 자신의 그림자를 마주 보지 못했다. 베드로는 마주 볼 수 있었다. 베드로는 내면의 거짓 자아와 친구가 되었으나 유다는 자신의 거짓 자아에 격분했다. "자살이란 돌발적 충동으로 일어나는 일이 아니다. 자살은 오랜 시간의 무의식적 처벌행위를 통해 거듭 연습된 행동이다."[15]

오래 전 칼 융은 이렇게 말했다.

자신을 받아들이는 것이야말로 총체적 도덕 문제의 정수요 총체적 인생관의 축도다. 가난한 사람들을 먹이고 모욕을 용서하고 그리스도의 이름으로 원수를 사랑하는 것, 이 모두는 틀림없이 훌륭한 덕이다. 내 형제 중 지극히 작은 자에게 하는 일이 곧 그리스도께 하는 일이다. 그러나 모든 사람 중 지극히 작은 자, 모든 거지 중 가장 가난한 자, 모든 위반자 중 가장 뻔뻔스런 자, 원수 자체, 알고 보니 그 모두가 내 안에 있다면 어떻게 되는가? 나야말로 내 친절한 자선이 필요한 자라면, 나야말로 사랑받아야 할 원수라면, 그때는 어떻게 되는가? 대체로 그럴 때면 그리스도인의 태도가 확 바뀐다. 사랑이고 인내고 더 이상 물을 것도 없다. 우리는 자기 내면의 형제에게 "라가"라 한다. 자신을 정죄하며 격분한다. 우리는 세상에서 숨는다. 낮은 자 중에서도 가장 작은 자를 내 안에서 만났다는 사실을 한사코 인정하지 않는다.[16]

  자신의 실상을 그대로 받아들이고 그것을 예수 그리스도께 내어 드릴 때 우리는 평안에 싸인다. 평안이 느껴지든 느껴지지 않든 마찬가지다. 지각에 뛰어난 평안은 주관적 평화의 감각이 아니라는 말이다. 그리스도 안에 있으면 우리는 평안이 느껴지지 않는 순간에도 평안하다.

  하나님만이 보여 주실 수 있는 인자하심과 인간의 연약함에 대한 이해심으로 예수님은 우리를 소외와 자기정죄에서 해방시켜 우리 각자에게 새로운 가능성을 열어 주신다. 그분은 우리를 우리 자신으로부터 구원하시는 구주시다. 그분의 말씀은 자유다. 주님은 우리에게 말씀하신다.

네 머릿속에서 돌아가면서 너를 속박해 자기중심적 전형에 묶어 두는 낡은 테이프들을 불살라 버려라. 자신이 가난한 자임을 아는 이들을 위해 쓰여진 새로운 구원의 노래를 들어라. 하나님 아버지를 두려워하는 마음과 너 자신을 미워하는 마음을 버려라. '돈키호테'라는 극을 알지? 거울의 기사는 그에게 이렇게 거짓말했다. "당신의 실상을 보시오. 당신이 기품 있는 기사가 아니라 바보 같은 인간 허수아비임을 알아야 합니다." 마찬가지로 유혹자도 네게 거짓말하고 있다. "너는 기사가 아니라 어리석게 사칭하는 자다. 실상의 거울을 보아라. 사물의 실체를 보아라. 무엇이 보이는가? 늙어 가는 바보밖에 보이지 않는다." 거짓의 아비는 진실을 비틀고 실체를 왜곡한다. 그는 냉소와 회의와 의혹과 절망과 병든 생각과 자기혐오의 주동자다. 나는 긍휼의 아들이다. 너는 내 것이니 아무도 너를 내 손에서 빼앗을 수 없다.

예수님은 우리를 향한 하나님의 참 심정을 보여 주신다. 복음서를 펼쳐 보면 예수께서 만나신 사람들이 당신과 나임을 알 수 있다. 그들에게 베푸신 긍휼과 이해를 그분은 당신과 내게도 베푸신다.
    콜로라도 로키산맥에 머물던 마지막 20일째 되던 날, 나는 이런 편지를 썼다.

    안녕하신가, 내 거짓 자아여. 내 정중한 인사에 분명 놀랐을 걸세. 이번 묵상의 첫날부터 내가 자네를 강타했으니 "어이, 이 불한당아" 할 줄 알았겠지. 우선 그동안 내가 자네를 평가하는 데 사리분별도 고마움도 균

형감각도 없었음을 시인하네. (물론 자네는 이미 알고 있겠지. 자네한테 말하는 것이 곧 나 자신한테 말하는 것임을. 자네는 별세계에 사는 고립된 비인격적 존재가 아니라 나의 실존하는 한 부분이니까.)

오늘 나는 손에 몽둥이를 들고 자네한테 온 것이 아니라 올리브 가지를 들고 왔네. 애송이 시절 내가 내 곁에 아무도 없음을 처음 알았을 때 자네가 끼어들어 와 내게 숨을 곳을 알려 줬었지. (알다시피 1930년대 대공황 시절에 우리 부모님은 그나마 가족들 먹여 살리느라 닥치는 대로 최선을 다하고 계셨지.)

그 당시 자네는 정말 요긴했어. 자네의 개입이 아니었다면 나는 겁에 질리고 두려움에 얼어붙었을 걸세. 자네가 내 곁에 있으면서 내 성장과정에 중대한 보호 역할을 해주었지. 고맙네.

내가 네 살 무렵, 자네는 내게 오두막 짓는 법을 가르쳐 줬네. 그 게임 기억나는가? 나는 침대 이쪽 끝에서 저쪽 끝까지 이불 밑을 기어 시트와 담요와 베개를 뒤집어썼지. 정말 아무도 날 못 찾을 줄 알고 말일세. 안전한 느낌이 들었지. 그 뛰어난 효과에 지금도 감탄하고 있네. 이불 속에서 나는 마음속으로 행복한 일을 생각하며 제 흥에 겨워 히죽거리다 웃음을 터뜨리곤 했지. 우리는 그 오두막을 함께 지었네. 당시 우리가 살던 세계는 우호적인 곳이 아니었으니까.

하지만 건축과정에서 자네는 내게 누구한테든 참 자아를 숨기는 법을 가르쳤네. 감춰 두고 억압하고 뒤로 물러나는 평생의 과정에 시동을 건 걸세. 자네의 풍부한 자원 덕에 나는 살아남을 수 있었지. 하지만 그 때부터 자네는 악한 면을 내보이면서 내게 거짓말을 시작했어. 이렇게 속삭였지. "브레넌, 그렇게 어리석게 계속 네 속을 보이다가는 그나마 몇 안되는 오랜 친구들마저 너 혼자 버려두고 모두 떠날 거야. 감정을 묻어. 기억의 문을 닫아걸어. 의견을 보이지 마. 어디를 가든 무난하게 어울리도록 처세술을 길러."

정교한 위장과 기만의 게임은 그렇게 시작되었네. 효과가 좋았기 때문에 나는 이견이 없었지. 세월이 흐르면서 자네와 나는 여기저기서 칭찬을 들었네. 우리는 의기양양해서 게임이 지속되어야 한다고 결론 지었지.

하지만 자네한테는 자네를 억제하고 제어해 줄 사람이 필요했네. 나는 자네를 길들일 만한 안목도 용기도 없었어. 그래서 자네는 애틀랜타의 셔먼 장군처럼 계속 휘젓고 다니면서 닥치는 대로 힘을 규합했지. 관심과 인정을 얻으려는 자네의 욕구는 만족을 몰랐네. 나는 자네의 거짓말을 한 번도 지적하지 못했네. 나 자신도 속고 있었으니까.

내 버릇없는 놀이친구여, 결론적으로 자네는 궁핍하고 또 이기적일세. 자네한테는 관심과 사랑과 안전한 거처가 필요하지. 로키산맥의 마지막 날인 오늘 내가 줄 선물은, 자네가 무의식중에 가기 원하는 곳으로 자네를 데려다 주는 걸세. 바로 예수님의 임재 안이지. 자네 멋대로 날뛰던 날은 이제 끝났네. 지금부터는 진정하게. 아주 차분히 진정하는 걸세.

그분의 임재 안에서 이미 작아지기 시작한 자네의 모습이 보인다네. 작은 친구여, 내 한 가지 가르쳐 줄까? 자네는 그렇게 작을 때가 훨씬 매력 있다네. 자네한테 '난쟁이'라는 별명을 붙여 주지. 물론 자네는 갑자기 넘어져 죽지는 않을 걸세. 자네가 때로 심기가 불편해져 한바탕 소란을 부리리라는 것도 알지. 하지만 예수님의 임재 안에 지내는 시간이 길어질수록, 자네는 그분의 얼굴에 더 익숙해져서 점점 아첨이 덜 필요하게 될 걸세. 그분으로 족하다는 것을 직접 깨닫게 될 테니 말일세. 그분의 임재 안에서 자네는 행위로가 아니라 은혜로 사는 삶이 어떤 것인지 깨닫고 기뻐하게 될 걸세.

자네의 친구
브레넌

The Beloved 3
사랑받는 자

윌리엄 리스트 히트 문(William Least Heat Moon)은 수강생 감소로 자신의 대학교수직이 끝났다는 사실과 별거중이던 아내가 딴 남자와 살림을 차렸다는 사실을 알고는 '우울한 간선도로', 곧 북미의 시골길 탐험에 나선다.

어느 날 아침 그가 클린턴의 미시시피 대학교 구내식당에서 아침을 먹고 있을 때였다. "캐주얼 차림의 한 상고머리 학생이 잔뜩 쌓인 팬케이크 앞에 앉아 있었다. 그는 질서정연한 사람이었다. 1분 가까이 기도한 뒤에 그는 가방에서 성경책 받침대, 책이 덮이지 않게 물어 두는 집게, 초록색 펜, 분홍색 펜, 노란색 펜을 차례로 꺼냈다. 이어 짜내는 마가린병과 비닐봉지에 넣은 시럽병과 헝겊냅킨 그리고 레몬향 물티슈 한 장이 나왔다. 전 과정은 마치 쓰레기통 만한 자동차에서 열두 사람이 나오는 옛날 서커스 같았다.······다음은 액체 구강세척제와 성경의 언약궤라도 나오겠구나 싶었다."[1]

문의 이 묘사는 참 자아의 일면을 보여 주고 있다. 남을 의식함도 없고 겉치레도 없이 삶에 몰두한 모습, 물속을 헤엄치는 물고기처럼이나 하나님을 자연스레 호흡하며 현재 순간에 빠져든 모습을 말이다.

영성이란 삶의 한 부분이나 영역이 아니다. 오히려 영성이란 생활방식, 곧 믿음의 비전으로 살아가는 삶의 과정이다. 신성함이란 내 참 자아를 발견하고 그것을 지향하며 그대로 살아가는 데 있다.

수도원에서 세월이 흐르는 사이 토머스 머튼은 최고의 영적 성숙이란 '보통 사람', 곧 '온전한 인간이 되는 것'임을 깨달았다. "그토록 단순하고 자연스럽게 자기다워지는 인간은 많지 않다.……사회가 탐욕, 야망, 정욕, 절박한 소원 따위로 사람들을 왜곡시키지만 않아도 웬만큼 그렇게 될 텐데 말이다."[2]

1987년에 세상을 떠난 존 이건(John Eagan)은 보통 사람이었다. 밀워키의 한 고등학교 무명교사였던 그는 30년간 십대 아이들을 상대로 사역했다. 그는 책도 쓰지 않았고 TV에 출연한 적도 없고 많은 무리를 회심시키거나 거룩하다는 평판을 듣지도 못했다. 그는 먹고 마시고 잠자고 자전거로 시골길을 누비고 숲 속을 걷고 가르치고 기도했다. 그리고 일기를 썼는데, 그가 세상을 떠난 직후 책으로 간행되었다. 그의 일기는 예수 그리스도로 영혼이 매혹되고 황홀해 한 보통 사람의 이야기다. 서문에 이런 말이 있다. "우리 영혼의 고결함―그것이 신성함의 의미다―에 가장 큰 장애물이 되는 것이 바로 우리 자신이라는 점, 그것이 존의 일기의 요지다. 우리는 자신을 못난 종이라 판단한다. 그리고 그 판단은 자기충족적 예언이 된다. 우리는 자신을 진흙과 침만 갖고도 능히 기적을 행하시는 하나님께조차 쓰임받을 수 없는 하찮은 존재로 여긴다. 이렇게 우리의 거짓된 겸손은 전능하신 하나님마저 얽어맨다."[3]

두드러진 약점과 성격 결함을 지닌 허물 많은 인간 이건은 깨어짐이란 인간 조건에 당연한 것이며, 인간은 사랑할 만한 구석도 없고 언행이 다르고 무능하고 걸핏하면 화내고 배가 튀어나온 자신을 용서해야 한다는 사실을 배웠다. 그는 죄가 자신과 하나님 사이를 가로막을 수 없다는 것을 알았다. 그의 모든 죄는 그리스도의 피로 구속되었던 것이다. 회개를 통해 그는 자신의 거짓 자아를 십자가에 내려놓고 당당히 용서받은 자로 살았다. 이건의 일기에는 머튼의 말이 메아리친다. "하나님은 부족한 내게 당부하신다. 내 부족함과 형제들의 부족함을 잊으라고, 우리 모두를 하나님의 형상으로 구속하고 새롭게 한 그 사랑 안에서 담대히 앞으로 나아가라고 명하신다. 그리고 '부족함'이라는, 말도 안되는 개념을 그냥 웃어넘기라고 말씀하신다."[4]

허구적 자아를 깨려는 노력으로 이건은 더없이 충실하게 묵상기도의 삶을 추구했다. 스승의 지도하에 이루어진 8일간의 연례 침묵의 묵상중에 그는 쇠망치에 얻어맞은 듯 자신의 참 자아에 대한 계시를 깨달았다. 엿새째 되던 날 아침, 신앙의 스승과 만나고 있던 중이었다.

그날 밥(Bob)은 주먹으로 탁자를 치며 아주 분명히 말한다. "존, 이것이 네 소명이다. 하나님이 너를 부르고 계신 길이다. 이 사랑이 깊어지도록 기도해라. 하나님이 계신 현재 순간을 음미해라. 네 안의 묵상가를 만족시켜 주어라. 거기 굴복해라. 그대로 있어라. 하나님을 찾아라……."

이어 그의 입에서 내가 두고두고 곱씹게 될 말이 나온다. 그는 아주 신중히 말한다. 나는 적어 두고 싶다며 그에게 반복해서 말해 주기를 부탁한다. "존, 핵심은 이것이다. 네 인격적 가치의 성분을 주님께 그리고 너를 향한 그분의 엄청난 사랑에 두는 것이다. **너 자신에 대한 정의를 하나님께 사랑받는 자로 완전히 바꿔라.** 네 가치를 구성하는 것은 너를 향한 하나님의 사랑과 택하심이다. 그것을 받아들여라. 그것을 네 인생의 가장 중요한 점으로 삼아라."

우리는 함께 대화한다. 내 인격적 가치의 기초는 내 소유와 재능과 타인의 인정과 평판이 아니다.……학부모들과 학생들의 감사와 칭찬도 아니고, 박수갈채도 아니고, 내가 이곳에 정말 중요한 존재라는 만인의 말도 아니다.……이제 나는 하나님 안에 닻을 내리고 서 있다. 그분 앞에 벌거벗은 자로 서 있다. 이 하나님이 내게 "너는 내 아들이요 내 사랑하는 자"라고 말씀하신다.[5]

평범한 자아가 곧 비범한 자아다. 눈에 띄지 않는 보잘것없는 존재이면서도 겨울이면 추위에 떨고 여름이면 더위에 땀 흘리고, 눈뜨면 또 낯선 새 하루를 맞고, 잔뜩 쌓인 팬케이크 앞에 앉고, 교통체증 속을 지나가고, 지하실 벽을 쾅쾅 두드리고, 슈퍼마켓에서 장을 보고, 잡초를 뽑고 낙엽을 긁어모으고, 성관계를 갖고, 눈덩이를 굴리고, 연을 날리고, 지붕에 떨어지는 빗소리를 듣는 사람이다.

거짓 자아는 과거의 성취와 타인의 아첨에서 정체를 얻지만 참 자아는 자신이 사랑받는 자라는 사실에서 정체를 확인한다. 우리는 평범한 삶 속에서 하나님을 만난다. 영적 도취감과 비범한 신비 체험의 추구에서 만나는 것이 아니라 단순한 삶의 현존 속에서 그분을 만난다.

뉴욕의 지식인이자 절친한 친구에게 보낸 편지에 헨리 나우웬은 이렇게 썼다. "당신에게 주고 싶은 모든 말은 '너는 내 사랑하는 자'라는 말씀입니다. 사랑이 품을 수 있는 모든 부드러움과 힘으로 당신에게 들려주시는 그 말을 당신이 들을 수 있었으면 하는 바람뿐입니다. 내 유일한 소원은 '너는 내 사랑하는 자'라는 이 말이 당신 존재의 구석구석에 울려 퍼지게 하는 것입니다."[6] 이 실체에 닻을 내릴 때 우리의 참 자아는 자신의 도착을 알리려는 무언의 트럼펫도 필요 없고 타인의 관심을 끌려는 번지르르한 연단도 필요 없다. 우리는 단순히 자기 자신이 됨으로써 하나님께 영광을 돌린다.

하나님은 자신과의 연합을 위해 우리를 지으셨다. 이것이 우리 인생 본연의 목표다. 그 하나님은 곧 사랑이시다(요일 4:16). 자신이 사랑받는 존재임을 알고 사는 삶이야말로 그리스도인의 삶의 회전축이다. 사랑받는 자가 곧 우리의 정체요 실존의 핵심이다. 그것은 단지 고상한 생각이나 감동적인 개념이나 많은 이름 중 하나가 아니다. 그것은 하나님이 우리를 아시는 이름이요 우리와 관계 맺으시는 방식이다.

그분은 이렇게 말씀하셨다. "귀 있는 자는 성령이 교회들에게 하시는 말씀을 들을지어다. 이기는 그에게는 내가 감추었던 만나를 주고 또 흰 돌을 줄 터인데 그 돌 위에 **새 이름**을 기록한 것이 있나니 받는 자밖에는 그 이름을 알 사람이 없느니라"(계 2:17).

나 자신 밖에서 정체를 구해야 한다면 그때는 부와 권력과 명예의 축적이 내게 매력 있게 다가올 것이다. 아니면 대인관계에서 내 중력의 구심점을 찾을 수도 있다. 그런데 교회 자체도 명예를 수여하거나 보류함으로, 행위에 근거해 높은 자리를 부여함으로, 계급과 서열로 지위의 허상을 만들어 냄으로써 거짓 자아를 부추길 수 있으니 아이러니다. 엘리트 집단에 속하는 것이 하나님의 사랑보다 커질 때, 사랑받는 자라는 정체 이외에서 삶과 의미를 끌어낼 때, 나는 영적으로 죽은 것이다. 하나님이 하찮은 싸구려에 치여 2위로 밀려날 때 나는 값진 진주를 염색 유리조각과 바꿔치기 한 것이다.

"나는 누구인가?"라는 물음에 머튼은 "나는 그리스도께 사랑받는 자"라고 답했다.[7] 이것이 참 자아의 기초다. 자신이 사랑받는 자라는 인식을 키우고 지키는 필수조건은 하나님과 단둘이 보내는 시간이다. 고독 속에서 우리는 내가 쓸모없는 자라는 부정의 목소리들을 차단하고 내 참 자아의 신비 속에 잠긴다. 자신의 실상을 알고자 하는 우리의 갈망, 우리의 모든 불만족의 원인이기도 한 갈망, 은 고독을 대면하고 수용하지 않는 한 절대 채워지지 않는다. 고독 속에서 우리는 내가 사랑받는 자라는 진리가 과연 진리임을 발견한다. 우리의 정체는 예수 그리스도 안에 계시된 우리를 향한 하나님의 불가항력적 애정 안에서 안식을 누린다.

우리의 규격화된 광란의 삶은 질서정연한 실존의 착각을 불러일으킨다. 우리는 긴급한 일에 대응하고 중요한 일은 무시한 채 위기에서 위기로 넘나든다. 우리는 여전히 돌아다닌다. 인간적이라 할 만한 모든 제스처와 행동을 여전히 수행한다. 그러나 우리는 공항의 자동통로에 실려 가는 이들을 닮았다. 가슴속의 불꽃이 꺼진다. 우리 귀에는 보리스 파스테르나크(Boris Pasternak)가 말한 사랑받는 자의 '내면의 음악'이 더 이상 들리지 않는다.

유스 스페셜티즈(Youth Specialties) 창설자 마이크 야코넬리(Mike Yaconelli)는 낙심에 빠져 사기가 떨어졌을 때, 아내 칼라와 함께 캐나다 토론토의 라르쉬(L'Arche) 공동체에서 5일간 회복의 시간을 가졌던 이야기를 들려준다. 그는 그곳에 살고 있는 정신장애인과 신체장애인들로부터 영감을 얻거나 또는 헨리 나우웬의 모습과 설교에서 위안을 찾으려는 마음으로 그곳에 갔다. 그러나 그가 발견한 것은 자신의 참 자아였다. 그의 이야기를 들어 보자.

불과 몇 시간 만의 침묵으로 내 영혼의 말소리가 들려오기 시작했다. 그저 짧은 시간 혼자 있었는데도 내가 혼자가 아님을 깨달을 수 있었다. 하나님은 내 삶의 소음 너머로 늘 말씀하고 계셨으나 내가 듣지 못했다. 그러나 정적과 고독 속에 서자 내 영혼에서 그분의 속삭임이 크게 들려왔다. "마이클, 내가 여기 있다. 늘 너를 불렀으나 네가 듣지 않았다. 이제 내 말이 들리니, 마이클? 나는 너를 사랑한다. 언제나 너를 사랑했다. 네가 이 말을 들어 주기를 나는 얼마나 기다렸는지 모른다. 하지만 너는 네가 사랑받는 자임을 자신에게 입증하느라 너무 바빠 내 말을 듣지 못했다."

나는 그분의 말씀을 들었다. 잠자던 내 영혼에 탕자의 기쁨이 밀려왔다. 나를 찾고 기다려 오신 사랑의 아버지 앞에 내 영혼은 깨어났다. 드디어 나는 내 깨어진 모습을 받아들였다.…… 한 번도 그 부분이 정리된 적이 없었다. 설명하면 이렇다. 나는 내가 깨어진 자임을 알았다. 내가 죄인임을 알았다. 내가 늘 하나님을 실망시킨다는 것도 알았다. 그러나 나의 그 부분을 한 번도 받아들일 수는 없었다. 그 부분은 나를 당황케 했다. 왠지 늘 사죄하고 내 약점에서 달아나야 할 것 같은 기분, 내 현재의 모습을 외면하고 앞으로 마땅히 되어야 할 모습에 주력해야 할 것 같은 기분이 들었다. 나는 분명 깨어진 자였다. 그러나 나는 다시는 깨어지지 않으려―적어도 거의 깨어지지 않는 경지에 도달하려―늘 발버둥치고 있었다…….

라르쉬에서 나는 내가 기독교 신앙을 완전히 오해하고 있음을 아주 분명히 깨달았다. 내 깨어지고 무력하고 연약한 모습 속에서 예수님이 강해지신다는 사실을 깨달은 것이다. 내게 믿음이 부족함을 받아들일 때 하나님은 내게 믿음을 주실 수 있다. 내 깨어진 모습을 끌어안을 때 나는 다른 사람들의 깨어진 모습에 동화될 수 있다. 사람들의 고통을 덜어 주는 것이 아니라 동화되는 것이 내 역할이다. 사역이란 지배가 아니라 나눔이고, 신학이 아니라 이해이며, 교정이 아니라 돌봄이다.

이 모든 것의 의미는 무엇인가?

나도 모른다.……솔직히 말해 그것은 잘못된 물음이다. 나는 누구나 삶의 어느 시점에 인생노선을 조정한다는 것을 알 뿐이다. 내게는 그때가 그런 시점 중 하나였다. 내 인생의 지도를 본다면 경미한 방향 조정 외에 다른 변화는 눈에 띄지 않을 것이다. 그러나 지금은 아주 크게 느껴진다고 말할 수밖에 없다. 내 삶 속에 찾아오시는 하나님의 임재에 대한 기대와 감격이 있다. 전에는 한 번도 경험하지 못한 것이다. 난생 처음 날마다 예수님의 이런 속삭임을 들을 수 있게 되었다는 고백뿐이다. "마이클, 나는 너를 사랑한다. **너는 내 사랑하는 자다.**" 왠지 그것으로 족한 것 같다.[8]

꾸밈없는 그의 말투에서 가식 없는 인간의 향기가 풍긴다. 짐짓 경건한 척하지도 않고 그렇다고 은근히 겸손한 척하지도 않는다. 분명 뭔가가 달라졌다. 토론토의 어느 겨울밤에 진흙다리가 달린 한 질그릇이 자기가 사랑받는 자임을 깨달은 것이다. 야코넬리는 지금도 양치질하고, 헝클어진 턱수염을 다듬고, 한 다리씩 끼워 바지를 입고, 잔뜩 쌓인 팬케이크 앞에 열심히 앉지만 그의 영혼은 영광에 덮여 있다. 하나님의 애정이 야코넬리가 쌓아 온 방벽을 허물었다. 그러면서 희망이 살아났다. 미래가 더 이상 불길해 보이지 않는다. 현재 순간의 포로가 된 야코넬리는 내일을 걱정할 여유가 전혀 없다. 거짓 자아가 이따금씩 다시 찾아오겠지만 현재 순간의 광야에 선 야코넬리는 안전한 곳에서 안식한다.

우리는 지금 기독교사의 영적 거장을 살펴보고 있는 것이 아니다. 보통 사람들의 하나님을 만난 한 평범한 복음적 남자를 보고 있는 것이다. 하나님은 깡패들과 부랑아들의 목덜미를 잡아 들어올려 자기 백성 중 왕자들과 공주들과 함께 앉히시는 분이다.

누구나 이 기적으로 충분한 것인가? 아니면 "하나님이 세상을 이처럼 사랑하사"의 뇌성이 종교적 수사(修辭)의 굉음에 파묻혀, 하나님이 우리에게 애정을 품으실 수 있다는 말씀에 우리는 귀머거리가 되고 만 것일까?

야코넬리의 '뒷문'(The Back Door) 칼럼을 읽으면서 한 가지 내게 와 닿은 것은 그의 단순하고 진솔하고 직선적인 표현이다. 그의 어법은, 모호하게 얼버무리며 두루뭉술한 표현에 숨는 거짓 자아의 텅 빈 언어와 극명한 대조를 이룬다.

수년 전 내 거짓 자아가 전성기를 구가할 무렵, 나는 한 동료 거짓 자아의 첫 간행저서에 서평을 쓴 일이 있다. 그의 문장력을 옹호한 내 표현을 보라. "그의 화려체 문장은 능란한 구변에 지나지 않는다. 그럼에도 불구하고 기체처럼 유연한 그의 문체에는 감히 복제하기 힘들고 신기하게 독자들을 정화시키는 유기적 탄력성과 과장이 내포되어 있다." 휴!

알코올 중독 방지회 프로그램 제11단계의 강연을 맡았을 때 나는 위기에 처한 한 남자의 이야기로 말문을 열었다. 그는 딸기 한 알에 주목하고 그것을 먹는다. 나는 현재 순간을 살 수 있는 그의 능력을 강조했다. 이어 해당 단계의 설명에 들어가면서 내 딴에는 박식한 강의를 풀었다. 심오한 존재론적·신학적·영적 통찰이 가득한 해석이었다.

나중에 한 여자가 연단으로 나를 찾아와 "아까 그 딸기 얘기 참 좋았어요" 하고 말했다. 내 모든 현학적 헛수고보다 초라한 딸기 한 알이 더 힘 있다는 것을 나도 인정하지 않을 수 없었다.

거짓 자아의 어휘에는 자만심에 우쭐한 생기 없는 말이 넘쳐난다. 복음서에 자기를 의식한 공허한 언어가 없음이 단지 우연의 일치일까? 복음서에는 허튼소리나 현학적인 말이나 소위 뼈 있는 난센스가 전혀 들어 있지 않다. 길들여지거나 제어되지 않은 거짓 자아의 말은 윌리엄 포크너(William Faulkner)와 마르크스 형제와 같은 수준으로 들릴 때가 많다. 그의 달콤한 공언과 독단적 주장은 절반뿐인 진리의 당연한 표출이다. 그는 위장의 달인이기에 금방이라도 허위 겸손, 진지하게 듣는 자, 재치 있는 이야기꾼, 심오한 지식인, 지구촌의 세련된 주민 따위로 탈바꿈할 수 있다. 거짓 자아는 중요한 자기노출을 주도면밀하게 회피하는 통제된 개방에 능하다.

그 회피 성향을 워커 퍼시(Walker Percy)는 자신의 소설 「재림」(*The Second Coming*)의 섬뜩한 한 장면에서 이렇게 포착했다. "여자는 폭풍이 목소리를 삼켜 버린 사람처럼 조용히 말했다. 남자에게 밀려온 것은 슬픔이나 후회나 연민이 아니라 놀라움이었다. 어떻게 그럴 수 있을까? 젊어서 결혼한 때가 엊그제 같은데 문득 제정신을 차려 보니 어떻게 내 삶이 꿈처럼 사라졌을 수 있단 말인가? 둘은 신기한 듯 서로 바라보았다. 어떻게 서로를 놓칠 수 있었는지, 그 긴긴 세월 한집에 살면서도 어떻게 유령처럼 복도에서 서로 지나칠 수 있었는지 막막할 따름이었다."[9]

침묵이란 단순히 소음의 부재나 바깥세상과의 소통의 차단이 아니라 정지에 이르는 과정이다. 고요한 고독이 참 언어를 빚어낸다. 물리적 격리를 말하는 것이 아니다. 여기서 고독이란 홀로 한분이신 그분과 홀로 있는 것, 초월자이신 그분을 체험하며 자신이 사랑받는 자라는 정체감을 키워 가는 것을 말한다. 함께 시간을 보내지 않고는 타인을 깊이 알 수 없다. 침묵은 고독을 실체가 되게 한다. "침묵이란 고독을 실천에 옮긴 것이다"라는 말이 있다.

사막의 교부를 찾아가 자기 기도의 좌절, 흠 많은 인격, 실패한 인간관계에 대해 하소연한 어느 바쁜 간부직원의 사연과 흡사하다. 은둔자는 방문객이 털어놓는, 그리스도인답게 살기 위한 고뇌와 실망을 귀 기울여 들었다. 그러고는 자기 동굴의 캄캄하고 후미진 곳으로 들어가 대야와 물통을 들고 나왔다.

그는 말했다. "대야에 물을 부을 테니 잘 보시오." 대야 바닥과 측면에 물이 세차게 쏟아졌다. 흔들리며 물거품이 일었다. 처음에는 물이 대야 안에 무질서하게 소용돌이치더니 점차 가라앉기 시작해 마침내 작고 빠른 물거품들이 커다란 물결로 합류되어 좌우로 출렁였다. 결국 방문객이 잔잔한 수면에 자기 얼굴을 비춰 볼 수 있을 만큼 표면이 매끄러워졌다. 은둔자가 말했다. "늘 사람들 틈에만 섞여 살 때 당신의 모습도 이와 같습니다. 온갖 혼란과 방해 때문에 자신의 참 모습이 보이지 않지요. 당신의 삶 속에 있는 하나님의 임재가 느껴지지 않게 되고, 그리하여 자신이 사랑받는 자라는 의식이 점점 사라집니다."

물이 잔잔해지려면 시간이 걸린다. 마찬가지로 내면이 잠잠해지려면 기다림이 필요하다. 과정을 서두르려 해봐야 오히려 물만 더 휘저어 놓는 꼴이 된다.

즉시 죄책감이 고개를 쳐들 수 있다. 거짓 자아는 당신이 이기적으로 시간을 낭비하며 가정, 직장, 사역, 사회의 책임을 회피하고 있다고 꾸며 댄다. 이렇게 한가하게 호사나 부릴 여유가 없다는 것이다. 여기에 대해 신학자 에드워드 쉴레벡스(Edward Schillebeeckx)는 이렇게 답변한다. "계시종교에서 하나님과의 침묵은 그 자체로, 그 자체를 위해 가치가 있다. 단지 하나님이 하나님이시기 때문이다. 사랑받는 자로서 아무 일도 하지 않고 그저 하나님과 함께 있는 것의 가치를 인식하지 못한다면 그것은 기독교의 심장을 도려내는 것이다."[10]

고요한 고독은 나만의 참된 언어를 가능케 한다. 나 자신이 사랑받는 자임을 느끼지 못하면 타인의 성스러움도 느낄 수 없다. 나 자신과 소원한 사이라면 다른 이들에게도 나는 이방인이다. 나 자신의 중심과 통할 때 타인과도 가장 잘 통할 수 있음을 나는 경험을 통해 배웠다. 나를 타인들에 대한 건강치 못한 의존에서 해방시켜 주시는 하나님을 받아들일 때, 나는 더 귀 기울여 듣고 더 이타적으로 사랑하며 더 긍휼이 많아지고 쾌활해진다. 나 자신에 대해 덜 심각해진다. 아버지의 숨결이 내 얼굴 위에 있으며, 한없이 즐거운 모험의 한복판에서 내 안색이 웃음으로 밝다는 것을 알게 된다.

하나님과 진지하게 시간을 '허비할' 때, 나는 더 힘 있게 말하며 행동할 수 있고, 최근의 자존심 상한 일을 속에 담아 두기보다는 용서할 수 있으며, 삶의 소소한 순간들에 너그러운 아량을 베풀 수 있다. 그것은 나로 하여금 내 두려움과 불안의 실상보다 더 큰 배경에 힘입어 최소한 당분간이라도 나 자신을 잊어버릴 수 있게 한다. 그저 가만히 있어 하나님이 하나님 됨을 알 수 있게 해준다.

앤서니 파도바노(Anthony Padovano)는 이렇게 말했다.

그것은 내 힘으로 정리하거나 분석하지 않고, 단지 내가 살아 있고 신자들의 공동체 안에 있다는 생각이나 체험만으로 그 속에 자신을 잃는다는 뜻이다. 거기서 어떤 실용적 결과가 나올지를 따지는 것이 아니라 본질이나 임재 자체에 집중하는 것이다. '거기'가 어디인지 모르고 거기 있는 것이 왜 좋은지 몰라도 거기 있는 것만으로 좋은 것이다. 이미 나는 내 존재 안에서 정지된 묵상의 상태에 이르렀다.[11]

고요한 고독을 실천하면 부대효과로 잠이 줄면서 한층 활력을 되찾을 수 있다. 지치도록 허구의 행복을 좇는 데 소모되었던 거짓 자아의 에너지를 이제 정말 중요한 일들―사랑, 우정, 하나님과의 친밀함―에 집중할 수 있게 된 것이다.

홀로 한분이신 그분과 홀로 있을 때 우리는 존 헨리 뉴먼(John Henry Newman)이 말한 합리적 또는 관념적 지식에서 참된 지식으로 옮겨 간다. 전자는 뭔가를 알되 절대 내 의식 속에 침투해 들어오지 않는 멀고 추상적인 방식으로 아는 것이다. 반면 후자는 설령 알지 못할지라도 어쨌든 실천한다는 뜻이다. T. S. 엘리엇(Eliot)은 어떤 시에 이렇게 썼다. "내 마음이 무너지는 힘겨운 밤. 부디 내게 말해다오. 그러면 이 밤을 지날 수 있으리." 고요한 고독 속에서 우리는 나를 사랑하는 자라 부르시는 음성을 바짝 귀 기울여 듣는다. 하나님은 자기혐오와 수치와 자아도취가 도사리고 있는 우리 영혼의 심층에 말씀하시며 우리로 하여금 밤을 지나 당신의 진리의 일광(日光)에 들어가게 하신다. "너는 두려워하지 말라. 내가 너를 구속하였고 내가 너를 지명하여 불렀나니 너는 내 것이라. 네가 내 눈에 보배롭고 존귀하며 내가 너를 사랑하였은즉……산들이 떠나며 언덕들은 옮겨질지라도 나의 자비는 네게서 떠나지 아니하며 나의 화평의 언약은 흔들리지 아니하리라"(사 43:1, 4; 54:10).

여기서 잠깐 멈추자. 우리를 지명하여 부르신 분은 하나님이시다. 그분의 아름다움에 비하면 그랜드캐니언은 한낱 그림자에 지나지 않는다. 그 하나님께서 우리를 사랑하는 자라 부르셨다. 그분의 능력에 비하면 핵폭탄은 무에 지나지 않는다. 그 하나님께서 우리에게 애정을 품고 계신다.

우리는 신비에 빠졌다. 아브라함 헤셸(Abraham Heschel)은 그것을 '근원적 경이'라 불렀다. 우리는 모든 피조물을 초월하고 모든 형언을 능가하는 황송한 신비의 임재 안에 말없이 떨고 있는 피조물이다.

진리의 순간이 도래했다. 우리는 홀로 한분이신 그분과 홀로 있다. 하나님이 우리에게 애정을 품고 계시다는 계시는 단지 메마른 지식이 아니다. 여정 가운데 너무 오래, 너무 자주 나는 손뼉 치는 예배와 지식적 성경공부에서 쉼터를 찾으려 했다. 내가 받은 것은 감격 없는 지식, 열정 없는 정보였다. 그러나 학문적 연구가 끝났을 때 나는 그 모든 것이 얼마나 하찮은 것인지 깨닫고 깜짝 놀랐다. 하나도 중요해 보이지 않았다.

하지만 내 마음이 무너지는 힘겨운 밤 무한하신 그분이 말씀하실 때, 전능하신 하나님이 나를 향한 당신의 깊은 감정을 아들을 통해 털어놓으실 때, 그분의 사랑이 내 영혼에 섬광처럼 비쳐 와 나를 신비로 휘감을 때, 그때는 카이로스(kairos)다. 즉 내 개인사의 구원의 한순간을 포착해 하나님이 결정적으로 침투하시는 때다. 아무도 내 대신 말해 줄 수 없다. 나 홀로 중대한 결단을 맞는다. 내 59년의 누더기 앞에 떨면서 나는 회의론과 지성주의로 숨어들 수도 있고 근원적 경이와 믿음으로 내가 사랑받는 자라는 진실 앞에 엎드릴 수도 있다.

우리 실존의 매순간에 하나님은 우리에게 이 기쁜 소식을 주신다. 안타깝게도 우리 많은 이들은 자신이 사랑받는 자라는 해방의 진리조차 뚫고 들어갈 수 없는 인위적 정체를 계속 꾸민다. 그렇게 우리는 차가워지고 두려워지고 율법주의자가 된다. 우리는 자신의 옹졸한 모습을 감추며 죄책감에 빠진다. 우리는 하나님을 감동시키려 안간힘을 다하고, 아첨으로 점수를 따려 서로 다투고, 자신을 고쳐 보려 몸부림치며, 명목상의 그리스도인들이나 진리를 찾는 불신자들에게 별 매력을 못 줄 정도로 기쁨 없는 복음의 삶을 살아간다.

오 주님, 세상의 꽁무니나 좇는 제자와 안색이 떨떠름한 성도의 모습에서 우리를 건져 주소서!

프레드릭 뷰크너(Frederick Buechner)는 이렇게 말했다. "예수님은 회개하고 복음을 믿으라고 말씀하신다. 돌아서서 믿으라. 우리가 사랑받는 자라는 기쁜 소식이 감히 우리가 꿈꾸던 것보다 좋다는 것을, 그 기쁜 소식을 믿고 그대로 살고 그것을 지향하며 그 기쁜 소식을 사랑하는 것이야말로 세상 모든 기쁜 일 중 가장 기쁜 일이라는 것을 믿으라. 아멘, 주 예수여 오시옵소서."[12]

이번 장에 인용된 목소리들은 존 이건에게 주어진 은혜를 붙들라고 합창처럼 우리에게 외치고 있다. 당신 자신에 대한 정의를 하나님께 사랑받는 자로 완전히 바꿔라. 그것이 참 자아다. 다른 모든 정체는 허구다.

Abba's Child 4
아바의 자녀

수년 전 나는 플로리다 클리어워터의 한 교회에서 부흥회를 인도한 적이 있다. 부흥회가 끝난 다음날 아침, 목사가 나를 자택에 초대해 아침식사를 대접해 주었다. 내 접시에는 한 교인의 짧막한 메모가 담긴 봉투가 놓여 있었다. 내 눈시울을 적시게 한 쪽지였다. "브레넌, 여태 83년을 살도록 이런 경험은 처음입니다. 우리 세인트 세실리아 교회에서 일주일간 부흥회를 인도하면서 당신은 매일 밤 참석하는 사람들은 삶이 변화될 것이라고 약속했습니다. 제 삶이 변화되었습니다. 지난주만 해도 저는 죽음을 생각하며 겁에 질려 있었지만 오늘 밤에는 아바의 집에 향수를 느낍니다."

예수 그리스도의 사생활의 중심주제는, 당신의 아바와 점점 친해지고 믿음과 사랑이 더해 간 것이다. 그분이 그렇게 사셨다는 계시의 한복판에 그 주제가 놓여 있다.

유대교 사회의 엄격한 유일신 전통에 따르면, 예수님은 베들레헴에서 태어나시고 나사렛에서 마리아와 요셉에게 양육되었다. 모든 독실한 유대인이 그렇듯 예수님도 하루 세 번씩 쉐마 이스라엘로 기도했다. "이스라엘아, 들으라. 우리 하나님 여호와는 오직 유일한 여호와이시니"(신 6:4). 예수님은 절대자에 둘러싸여 있었다. "나는 스스로 있는 자"라 하신 영원하신 한분께 지배받으셨다.

인생 여정에서 예수님은 이스라엘의 어떤 선지자도 감히 꿈꾸거나 나서 보지 못한 방식으로 하나님을 체험하셨다. 예수님 안에는 아버지의 영이 사셨다. 그리고 예수님께서는 아버지를 부르는 한 이름이 주어졌다. 그 이름이 머잖아 이스라엘의 신학뿐 아니라 여론에 파문을 불러일으킨다. 나사렛 목수의 입에서 나온 이름, 바로 아바다.

유대인 아이들은 자기 아버지를 부를 때 이 친밀한 구어를 사용했다. 예수님도 그 말로 양부 요셉을 불렀다. 그러나 이 말이 하나님을 부르는 용어로 쓰인 것은 유대교뿐 아니라 세계 어느 주요 종교에도 전례가 없는 일이었다. 요아킴 예레미아스(Joachim Jeremias)는 이렇게 말했다. "하나님께 대한 호칭인 아바는 그 소리 자체부터 그야말로 예수님이 최초로 발성하신 것이다. 전혀 새롭고 놀라운 일이 우리 앞에 펼쳐진다. 여기 복음의 위대한 독창성이 있다."[1] 사랑받는 아들 예수님은 이 체험을 혼자 몫으로 쌓아 두시지 않는다. 그분은 똑같이 친밀하고 자유로운 관계를 함께 누리자고 우리를 부르고 청하신다.

바울은 말했다. "무릇 하나님의 영으로 인도함을 받는 사람은 곧 하나님의 아들이라. 너희는 다시 무서워하는 종의 영을 받지 아니하고 양자의 영을 받았으므로 우리가 아빠 아버지라 부르짖느니라. 성령이 친히 우리의 영과 더불어 우리가 하나님의 자녀인 것을 증언하시나니"(롬 8:14-16).

'예수의 사랑하시는 제자' 요한은 아바와의 친밀한 관계를 성육신의 가장 큰 열매로 보았다. "영접하는 자 곧 그 이름을 믿는 자들에게는 하나님의 자녀가 되는 권세를 주셨으니"(요 1:12). 요한은 예수께서 다락방 고별강화를 "작은 자들아"(요 13:33), 곧 "내 어린 자녀들아"라는 말로 시작하시는 것을 듣지 않았던가? 그래서 요한은 선포한다. "보라, 아버지께서 어떠한 사랑을 우리에게 베푸사 하나님의 자녀라 일컬음을 받게 하셨는가. 우리가 그러하도다"(요일 3:1).

내가 예수 그리스도로부터 받은 최고의 선물은 아바의 체험이다. "아버지 외에는 아들을 아는 자가 없고 아들과 또 아들의 소원대로 계시를 받는 자 외에는 아버지를 아는 자가 없느니라"(마 11:27). 아바의 자녀로서의 존엄성이야말로 내 가장 응집된 자아상이다. 타인들의 아첨에서 내 자아상을 형성하려 할 때는 속에서 "너는 경지에 도달했다. 너는 하나님 나라 사업의 실세다"라는 속삭임이 들려오지만 그 자아개념에는 진실이 전혀 없다. 반대로 낙심에 빠질 때면 속에서 "너는 무용지물이다. 사기꾼이다. 위선자다. 아마추어다"라는 속삭임이 들려오지만, 그 메시지에서 생겨난 이미지에도 진실은 전혀 없다. 제럴드 메이(Gerald May)의 말처럼 "이런 자기평가의 정체를 생각의 속임수로 바로 인식하는 것이 중요하다. 그것은 우리의 참 존엄성과 전혀 무관하다. 주어진 순간 우리가 자신을 보는 시각은 자신의 참 모습과 거의 무관할 수 있다."[2]

다음은 스승의 지도하에 가진 침묵의 묵상기간 중 내가 썼던 일기다.

1977년 1월 2일, 펜실베이니아 워너스빌. 바깥은 어둡고 영하의 날씨다. 내 내면의 상태와 그대로 닮았다. 8일간의 묵상 중 첫날 밤, 나는 불편함과 불안함과 심지어 두려움에 가득 차 있다. 몹시 지쳐 있고 외롭다. 하나님에 대한 단 두 가지 생각도 서로 연결이 안 된다. 기도하려는 시도를 깨끗이 그만두었다. 너무 인위적으로 보인다. 그나마 한두 마디 하나님께 드린 말씀도 내 텅 빈 영혼에 공허하게 울리는 억지일 뿐이다. 도무지 그분의 임재 안에 있는 기쁨이 없다. 묵직하고 모호한 죄책감이 내 안을 휘젓는다. 어떤 식으로든 나는 그분을 실망시켰다. 교만과 허영에 눈이 멀었는지도 모른다. 고통에 둔감하여 마음이 무뎌졌는지도 모른다. '제 삶이 주님께 실망만 안겨 주고 있나요? 제 영혼의 얄팍함 때문에 슬퍼하고 계신가요? 어찌됐든 저는 제 잘못으로 주님을 잃어버렸습니다. 제게는 되돌릴 능력이 없습니다…….'

내 연례 묵상기간은 그렇게 시작되었다. 신체적 피로는 곧 사라졌지만 영적 고갈은 계속되었다. 나는 아침마다 두 시간씩, 오후에 다시 두 시간 그리고 밤에 두 시간 더 황량한 기도로 신음했다. 매번 머리가 산만했고 노 하나로 배를 젓는 것처럼 방향이 잡히지 않았다. 성경을 읽었다. 막막했다. 방 안을 걸었다. 답답했다. 성경주석도 펴 보았다. 아무것도 들어오지 않았다.

나는 5일째 되던 날 오후 4시에 예배실에 가 꼿꼿한 등받이 의자에 앉아 '일대 응시', 곧 묵상에 들어갔다.

이후 13시간 동안 나는 말짱한 정신으로 시퍼렇게 깨어 꼼짝도 하지 않고 있었다. 이튿날 새벽 5시 10분에 예배실을 떠날 때 내 머릿속을 울리며 내 마음속을 두드리는 한마디 말이 있었다. 애정을 받아들이는 지혜의 삶을 살아라.

애정이란 누군가 나를 진실로 온전히 좋아한다는 것을 아는 그 안전함 속에서 깨어난다. 사람들로 가득 찬 방 안에 그 특별한 누군가가 존재한다는 사실만으로 우리 내면에 안도의 한숨이 터지면서 안전한 느낌이 강하게 밀려든다. 따뜻하고 자상한 애정의 임재를 느낄 때 두려움이 사라진다. 빈정거림, 유명 인사의 이름을 들먹이는 자기과시, 자기의, 남의 호감을 사야 한다는 부담 등 거짓 자아의 방어기제가 허물어진다. 좀 더 마음이 열리고 진실해지며 약한 모습을 감추지 않고 훈훈한 마음을 품게 된다. 애정이 자라는 것이다.

수년 전 나는 두 주간 아일랜드로 여름휴가를 떠났던 디트로이트의 에드워드 패럴이라는 신부 이야기를 한 적이 있다. 그의 하나뿐인 살아 있는 삼촌이 여든 번째 생일을 맞았다. 생일날 패럴 신부와 삼촌은 동트기 전에 일어나 말없이 옷을 입었다. 그들은 킬라니 호수를 따라 걷다가 멈추어 일출을 지켜보았다. 한마디 말도 없이 나란히 서서 떠오르는 태양을 똑바로 바라보았다. 갑자기 삼촌이 돌아서서는 펄쩍펄쩍 뛰어 내려갔다. 빛을 발할 듯 밝은 얼굴로 귀밑까지 활짝 웃고 있었다.

조카가 말했다. "셰이머스 삼촌, 정말 행복해 보입니다."

"행복하다."

"이유를 말해 주시겠습니까?"

여든이 된 삼촌이 답했다. "아바가 나를 아주 좋아하신단다."

내가 당신에게 이렇게 묻는다면 뭐라고 답하겠는가? "신학적으로 사랑하실 수밖에 없기 때문에 그래서 하나님이 당신을 사랑하시는 것

말고, 솔직히 당신은 하나님이 당신을 **좋아하신다**고 믿는가?" 가슴속에서 "그렇다. 나의 아바는 나를 아주 좋아하신다"고 답할 수 있다면 당신은 자신에게 애정의 의미에 근접한 잔잔한 긍휼을 느끼고 있는 셈이다.

"여인이 어찌 그 젖 먹는 자식을 잊겠으며 자기 태에서 난 아들을 긍휼히 여기지〔애정을 품지〕 않겠느냐. 그들은 혹시 잊을지라도 나는 너를 잊지 아니할 것이라"(사 49:15).

하나님 성품의 본질은 **긍휼**이요 그분의 가슴은 **애정**으로 정의된다고 성경은 말한다. "이는 우리 하나님의 긍휼〔애정〕로 인함이라. 이로써 돋는 해가 위로부터 우리에게 임하여 어둠과 죽음의 그늘에 앉은 자에게 비치고 우리 발을 평강의 길로 인도하시리로다"(눅 1:78-79). 리처드 포스터는 이렇게 말했다. "그분의 가슴은 누구보다도 민감하고 부드럽다. 아무리 사소하고 작은 행동이라도 그분의 눈에 띄지 않는 것은 없다. 냉수 한 그릇도 하나님의 눈에 눈물이 핑 돌게 하기에 충분하다. 엄마가 아이한테서 시든 민들레 꽃다발을 받고 감격에 겨워 황홀해 하듯이, 하나님도 우리의 보잘것없는 감사의 표현에 마냥 기뻐하신다."[3]

예수님은 "신성의 모든 충만이 육체로 거하시"는(골 2:9) 분인지라 아버지의 가슴의 애정과 긍휼을 남달리 이해하신다. 아버지의 영원한 아들인 그분은 아바의 자녀. 예수님은 왜 율법에 일자무식인 어중이떠중이 죄인이며 부랑아들을 사랑하셨을까? 그분의 아바가 그들을 사랑하셨기 때문이다. 예수님은 아무것도 혼자 하시지 않았다. 아바께서 명하시는 일만 하셨다. 식사와 설교와 교육과 치유를 통해 예수님은 자신이 이해한 아버지의 차별 없는 사랑—선인에게만 아니라 악인에게도

해를 비추시고 의로운 자와 불의한 자에게 공히 비를 내리시는 사랑(마 5:45)—을 행동으로 표출하셨다.

이런 사랑의 행동으로 예수님은 신앙이 독실한 팔레스타인 유대인들 사이에 스캔들을 불러일으켰다.

> 절대 용서 못할 일은 그분이 병든 자, 절름발이, 나병환자, 귀신들린 자들을 돌봐 준 점이 아니다.…… 가난하고 비천한 자들과 친구가 된 부분도 아니다. 진짜 문제는 그분이 도덕적 패배자들, 뻔히 신앙심도 없고 부도덕한 자들과 어울렸다는 점이다. 도덕적·정치적 요주의 대상인데다 어딘지 수상쩍고 천하고 버림받고 가망 없는 부류가 주종인 그들은 모든 사회의 변두리에 존재하는 뿌리 뽑지 못할 악이었다. 이것이야말로 진짜 스캔들이었다. 그분은 정말 거기까지 가야 했을까?……동포와 타국인, 당원과 비당원, 이웃과 먼 사람, 명예로운 직업과 더러운 직업, 도덕적인 자와 부도덕한 자, 선인과 악인 따위에 선(線)이 없으니 도무지 한계를 모르는 이 사랑은 얼마나 위험하고 물정 모르는 사랑인가? 거기 이분법이란 전혀 필요 없다는 듯, 어느 경우든 우리가 판단해서는 안 된다는 듯, 어느 상황에서든 우리가 늘 용서할 수 있다는 듯 말이다.[4]

햇빛과 비가 하나님을 사랑하는 자에게나 거부하는 자에게나 똑같이 주어지기에 아들 예수님의 긍휼은 아직도 죄 중에 살아가는 이들을 품으신다. 우리 모두의 내면에 도사리고 있는 바리새인은 죄인들을 외면한다. 그러나 예수님은 너그러운 자비로 그들을 향하신다. 그분은 그들의 회심을 위해 그들의 생애가 다하기까지 관심을 거두시지 않는다. 회심이란 "마지막 한순간까지 언제나 가능한"일 아니던가.[5]

성령은 아버지와 아들 사이의 애정의 끈이다. 따라서 내주하시는 성령은 하나님의 긍휼의 지울 수 없는 인(印)이며, 성령 충만한 자의 마음에는 애정이 흘러넘친다. "우리에게 주신 성령으로 말미암아 하나님의 사랑이 우리 마음에 부은 바 됨이니"(롬 5:5).

신의 성품에 참예하는 자로서 우리 생의 가장 고귀한 꿈이자 가장 힘든 과제는 그리스도를 닮는 것이다. 이런 맥락에서 성 이레니우스(Irenaeus)는, 하나님은 우리를 하나님처럼 되게 하시려고 우리의 인성을 입으셨다고 말했다. 오랜 세월 이것은 다른 사람들에게 많은 다른 의미로 다가왔다. 하나님을 주로 전지하신 분으로 본다면, 지혜와 지식에서 자라 가는 것이 인간 실존의 최고 우선순위가 된다. 하나님을 전능하신 분으로 본다면, 남에게 영향을 미치기 위해 권위를 구하는 것이 곧 하나님처럼 되는 길이다. 하나님을 불변의 승리자로 본다면, 불굴의 의지와 고통을 이겨 내는 힘이 경건의 길이 된다.

예수님의 삶을 보건대, 아바처럼 된다는 것은 곧 긍휼을 베푸는 것이다. 그것을 도널드 그레이(Donald Gray)는 이렇게 표현했다. "예수님은 신적인 삶, 긍휼의 삶을 산다는 것이 어떤 것인지 뛰어난 인간적 삶을 통해 보여 주신다."[6]

성경은 긍휼과 용서의 밀접한 관계를 보여 준다. 예수님에 따르면 아바의 자녀의 명백한 징표는 기꺼이 원수를 용서하는 마음이다. "오직 너희는 원수를 사랑하고 선대하며……그리하면……지극히 높으신 이의 아들이 되리니 그는 은혜를 모르는 자와 악한 자에게도 인자하시니라"(눅 6:35). "우리가 우리에게 죄지은 자를 사하여 준 것같이 우리 죄를 사하여 주옵시고"라고 주기도문으로 기도할 때마다 우리는 아바의 자녀의 기본 특성을 인정하는 것이다. 예수님은 그분의 아바를 우리의 용서의 모델로 제시하신다. 우리의 아바는 도저히 갚을 수 없는 거액의 빚을 탕감해 주시는 마태복음 18장의 임금이요 무제한(일흔 번씩 일곱 번의 의미) 용서하시는 하나님이다.

눈에는 눈을—아니 그 이상을—요구하는 세상에서, 하나님은 그 자녀들을 문화에 반하는 용서의 생활방식으로 부르신다. 하나님을 사랑하는 것이 첫째 계명이며 이웃 사랑이 곧 하나님 사랑의 증거다. 그런데 나를 사랑하는 자들을 사랑하기란 쉬운 일이다. 그렇다면 원수를 사랑하는 것이야말로 아바의 자녀를 구별해 주는 자식된 표일 수밖에 없다.

용서받은 자녀, 용서하는 자녀로 살라는 부르심은 철저히 포괄적이다. 그것은 결혼기념일을 잊어버린 남편의 아내에게만 주어진 것이 아니라 음주 운전자에게 자식을 잃은 부모, 중상모략의 피해자, 벤츠를 타고 지나가는 부자를 지켜보는 판자촌의 빈민, 성폭행당한 사람, 배우자의 외도로 수모당한 남편/아내, 신성을 모독하는 비성경적 하나님 이미지에 경악한 신자, 딸이 끔찍하게 살해되어 시체로 돌아온 엘살바도르의 어머니, 사기꾼 은행업자한테 돈을 다 날린 노부부, 유산을 탕진한 알코올 중독자의 아내, 조롱과 차별과 편견의 대상인 모든 이들에게도 주어진 것이다.

용서의 요구는 상당히 무거워 인간적으로 불가능해 보일 정도다. 용서의 과제는 은혜를 맛보지 못한 인간의지의 역량으로는 한마디로 역부족이다. 크신 하나님께 대한 전폭적 믿음만이 남한테 당한 상처를 용서할 힘을 준다. 이런 한계점의 순간에 우리가 갈 곳은 오직 하나, 갈보리뿐이다.

거기 오랫동안 머물며 아바의 독생자께서 참혹하게 피 흘리며 홀로 죽어 가는 모습을 지켜보라. 가장 무자비하고 잔혹하게 자신을 괴롭히던 자들에게 그 순간 용서를 속삭이시던 그분을 보라. 옛 예루살렘 성벽 밖의 그 외로운 언덕에서 당신은 죽어 가는 주님의 치유력을 맛보게 될 것이다.

경험적으로 볼 때 심령 내면의 치유는 원한, 분노, 적개심, 증오에서의 즉각적 해방이나 갑작스런 카타르시스로 찾아오는 경우는 드물다. 오히려 십자가에 못박혀 그 피로 우리의 평화를 얻으신 주님과 하나되어 가는 성장의 과정일 때가 많다. 그 일은 상당히 시간이 걸릴 수 있다. 기억이 여전히 아주 생생하고 상처가 여전히 아주 깊기 때문이다. 그러나 그 일은 **반드시** 이루어진다. 십자가에 달리신 그리스도는 단지 교회의 영웅적 모본만이 아니다. 그분은 하나님의 능력과 지혜요 부활하여 현존하시는 살아 있는 힘이다. 그분이 우리 삶을 변화시키시고 능력을 주셔서 원수에게 화해의 손을 내밀게 하신다.

이해는 긍휼을 낳고 긍휼은 용서를 가능케 한다. 저자 스티븐 코비

(Stephen Covey)는 어느 일요일 아침 뉴욕 시 지하철 안에서 있었던 일화를 들려준다. 지하철 안의 몇 안되는 승객들은 신문을 읽거나 졸고 있었다. 뉴욕의 땅속을 달리는 그 시간은 절로 졸음이 올 정도로 적막했다. 코비가 한창 독서에 빠져 있을 때 다음 정거장에서 한 남자가 어린 아이 몇 명을 데리고 탔다. 1분도 안되어 지하철 안은 난장판이 되었다. 아이들은 통로를 이리저리 내달리며 바닥에서 떠들고 소리치고 씨름판을 벌였다. 아버지는 아무런 손도 쓰지 않았다.

노인 승객들은 불안스레 자리를 옮겼다. 짜증이 고통으로 변했다. 코비는 참을성 있게 기다렸다. 가벼운 꾸지람이든 엄한 명령이든 권위의 표출이든 아무튼 분명 아버지가 뭔가 조치를 취해 질서를 잡을 줄 알았다. 하지만 아무 조치도 없었다. 낭패감이 커졌다. 필요 이상으로 오래 뜸을 들인 뒤 코비는 아버지를 향해 부드럽게 말했다. "선생님, 아이들한테 와서 앉으라고 말해 주시면 지하철 안이 조용해질 것 같습니다."

그러자 남자가 대답했다. "어떻게든 하긴 해야겠는데……우린 지금 막 병원에서 오는 길입니다. 아이들 엄마가 한 시간 전에 세상을 떠났지요. 나도 어떻게 해야 될지 모르겠습니다."[7]

용서를 재촉하는 진실한 긍휼은 원수가 눈물 흘리는 곳을 알 때 자라난다.

1944년 「라이프」(Life)지에 오하이오 홈스 카운티의 여우사냥에 대한 포토 에세이가 실렸다. 여우들은 숲 속에 살며 대개 생쥐와 귀뚜라미를

잡아먹었지만 간혹 닭과 메추라기를 잡아먹을 때도 있었다. 기사에 따르면 그것은 "홈스 카운티의 용감한 남자들을 화나게 만들었다. 메추라기를 자기들 손으로 잡고 싶었기 때문이다." 그래서 어느 토요일 600명가량의 남녀노소가 한데 모여 직경 8킬로미터의 큰 원을 만들었다. 그들은 모두 몽둥이를 들고서 숲과 들판을 헤집으며 원을 좁혀 나가기 시작했다. 사람들의 함성과 개 짖는 소리로 위협해서 어린 여우든 늙은 여우든 죄다 구멍에서 나오게 한 것이다. 점점 좁아 드는 반경 안에서 여우들은 겁에 질려 사방으로 날뛰다 지쳐 갔다. 분해서 으르렁거리며 쏘아보는 여우도 있었지만 그 만용의 죄로 그 자리에서 살해되었다. 괴로워 동작을 멈추고는 자기를 괴롭히는 인간의 손을 핥으려 한 여우도 있었으나 그 역시 맞아 죽었다.

동작을 멈추고는 상처받아 죽어 가는 동료들 곁을 지키는 다른 여우들의 모습도 사진에 잡혔다. 이윽고 원이 몇 미터 거리로 좁아지자 남아 있던 여우들은 가운데로 모여 어찌할 바를 모른 채 안쪽을 향해 드러누웠다. 그러나 남녀 인간들은 어찌할 바를 알았다. 그들은 다쳐서 죽어가는 여우들을 몽둥이로 때려죽였고 아이들한테도 그렇게 가르쳤다.

실화다. 「라이프」지에 기사와 사진이 실렸다. 수년간 홈스 카운티에서 주말마다 벌어진 일이다.

오늘날 우리는 그런 포악에 몸서리치지만 우리한테도 나름의 여우 사냥이 있다. 에이즈에 걸린 사람들한테 한번 물어보라. 안타깝게도, 원 가운데로 모여 드러누워 죽는 것 외에 달리 대안이 있는지 막막해 하는 에이즈 환자들이 너무도 많다.

그 원에서 우리는 어디에 있는가? 당신은 어디에 있는가? 그리스도는 어디에 계실까?[8]

버림받은 자들이 눈물 흘리는 곳을 알 때 우리의 무정한 마음은 따뜻한 인정으로 바뀐다.

복음을 빙자해 하나님의 자녀의 존엄성이 훼손될 때마다 실은 복음을 체험하기 위해 복음을 걷어치워야 할 때다. 하나님을 빙자해 그리스도의 몸된 교회 안에 편견과 멸시와 적의가 정당화될 때마다 실은 "나는 하나님을 만나기 위해 하나님을 버리게 해달라고 기도한다"던 마이스터 에크하르트(Meister Eckhart)의 말을 귀담아들어야 할 때다. 복음과 하나님에 대한 우리 인간의 폐쇄적 생각 때문에 우리는 복음도 하나님도 온전히 경험하지 못할 수 있다.

최근 샌프란시스코에서 전국 청소년사역자 회의가 열렸다. 일단의 젊은 목사들 앞에서 나는 뉴올리언스종교간 지역 에이즈 네트워크 단체에서 일하는 나의 시간제 사역에 대해 이야기했다. 내가 속한 초교파 팀은 에이즈 환자들 및 그 가족과 친구들에게 실제적·신앙적 도움을 제공한다. 차편 제공, 방문, 가벼운 집안일, 세탁, 바깥 행사, 기타 봉사 등을 지원한다. 한 사람의 말 속에 모든 것이 들어 있다. "지난 12년간 가장 절친했던 친구가 제게 그러더군요. '나는 너랑 같이 이 일을 겪어낼 수 없다. 슬픔을 견딜 수 없어. 정말 두렵다.' 그에게 저는 더 이상 제럴드가 아니었습니다. 저는 그의 가장 친한 친구가 아니었습니다. 에이즈에 걸린 제럴드일 뿐이었습니다." 그러고는 이렇게 덧붙였다. "그러나 당신들은 저를 모르는 분들인데도 이렇게 제 곁에 있어 주려고 하니 저는 그게 정말 좋습니다."

"그건 그렇다 치고 게이 공동체에 대한 그리스도인의 자세는 어떠해야 합니까?" 한 복음주의자가 내게 물었다.

나는 이렇게 대답했다. "한 비유에서 예수님은 우리에게 밀과 잡초를 함께 자라게 두라고 명하셨습니다. 바울도 그 정신을 이어받아 고린도전서에 '판단을 그치고 주의 강림을 기다리라'고 썼습니다. 아바의 아들딸들은 판단과 가장 거리가 먼 자들입니다. 그들은 죄인들과 사이좋게 지냅니다. '하늘에 계신 너희 아버지의 온전하심과 같이 너희도 온전하라' 하신 마태복음의 예수님 말씀을 기억하십니까? 누가복음에는 같은 구절이 '너희 아버지의 자비(긍휼)하심같이 너희도 자비하라'고 되어 있습니다. 성경학자들은 **온전하다**는 말과 **긍휼**이라는 말이 동일한 실체로 귀결될 수 있다고 말합니다. 결론은 이것입니다. 하늘 아버지가 온전하신 것처럼 우리도 온전해진다는 것의 성경적 의미는 곧 예수님의 긍휼의 사역을 본받는 것으로 정의됩니다."

나는 말을 이었다. "더욱이 저는 하나님을 그분의 심판석에서 몰아내고 남을 판단할 지식도 권한도 없는 제가 거기 앉아 남에게 선고를 내릴 뜻은 없습니다. 이 자리에 앉은 우리 중 누구도 한번이라도 남의 동기를 본 사람은 없습니다. 따라서 우리는 타인의 행동의 이면을 헤아릴 수 없습니다. 로마서 1장에서 동성애에 대해 이야기한 뒤 바울이 한 말을 잊지 마십시오. 그는 2장을 이렇게 시작합니다. '그러므로 남을 판단하는 사람아, 누구를 막론하고 네가 핑계하지 못할 것은 남을 판단하는 것으로 네가 너를 정죄함이니 판단하는 네가 같은 일을 행함이니라.' 러시아의 소설가 레오 톨스토이가 한 말이 생각납니다. '평범한 인간의 성적 공상이 화면에 공개된다면 세상은 진저리를 칠 것이다.'"

"동성애 혐오는 우리 시대의 가장 수치스런 스캔들 중 하나입니다. 20세기가 저무는 이 시점에 나와 다른 집단에 대한 편협성, 도덕적 절대론, 양보를 모르는 독단주의를 보는 것은 섬뜩한 일입니다. 저마다 종교적 고지를 점하려 고집할 때 그런 태도가 팽배할 수밖에 없습니다. 앨런 존스(Alan Jones)는 '자신의 신앙생활을 심각하게 여기는 사람들 속에 바로 최고의 위험이 도사리고 있다'고 했습니다.[9] 신앙인들도 동성애 혐오의 폭정에 누구 못지않게 쉽게 피해자가 됩니다."

아바의 자녀라는 내 정체는 추상적 개념이나 신앙의 주변 요소가 아니다. 그것은 내 실존의 핵심 진리다. 애정을 받아들이는 지혜의 삶은 내 현실 인식, 곧 내가 사람들과 그들의 삶의 상황에 반응하는 방식에 깊은 영향을 미친다. 내 형제자매들이 백인이든 흑인이든 아시아계든 라틴계든 하루하루 그들을 대하는 방식, 죄에 찌든 거리의 술꾼들을 대하는 방식, 거슬리는 사람들의 방해에 응하는 방식, 평범한 날 평범한 불신을 지닌 평범한 이들을 대하는 방식 등이 내 자동차 범퍼에 붙인 낙태 반대 스티커보다도 내 실상을 더 신랄하게 보여 준다.

우리는 단순히 죽음을 막으려 낙태 반대를 외치는 것이 아니다. 우리는 지존자의 아들딸이다. 우리의 애정은 우리가 남들—일부가 아니라 모든 이들—을 위한 존재가 되는 경지까지, 사랑으로 남의 손을 잡을 수 있는 경지까지, 아예 '남'이란 것이 사라지는 경지까지 자라 간다.

이것은 평생의 끊임없는 싸움이다. 날마다 생각과 말과 삶을 선택하는 방식에서 그리스도를 닮아 가는 멀고 험난한 과정이다. 헨리 나우웬의 말이 예리하다. "필요한 것은 내 매일의 실존의 평범한 장에서 '사랑받는 자'가 되는 것, 그리고 내가 아는 나와 일상생활의 수많은 구체적 현실 사이에 존재하는 간극을 조금씩 좁혀 가는 것이다. 사랑받는 자가 된다는 것은 위로부터 계시된 진리를 시시각각 내 평범한 생각과 말과 행동 속으로 끌어들이는 것이다."[10]

내 삶의 배반과 변절은 셀 수 없이 많다. 나는 아직도 내가 도덕적으로 무결해야 하고 다른 사람들도 죄가 없어야 하며 내 사랑하는 이에게 인간적 약점이 없어야 한다는 환상에 매달린다. 그러나 삶에 대한 내 반응이 애정과 긍휼 이외의 것—자기의에 찬 분노, 도덕적 교화, 방어적 태도, 남을 바꿔 놓으려는 집착, 독한 비난, 타인의 무지에 대한 좌절, 영적 우월감, 들끓는 복수심 등—에 지배당할 때마다 나는 내 참 자아와 멀어진 것이다. 아바의 자녀라는 내 정체는 모호해지고 불확실해지고 혼란스러워진다.

세상 속에서 우리의 존재방식은 곧 애정의 방식이다. 다른 모든 것은 환상이요 착각이며 거짓이다.

긍휼의 삶은 세상을 향한 감상적인 호의도 아니고 로버트 윅스(Robert Wicks)가 말한 '타성적 예의'의 역병도 아니다. 그것은 혼자된 아내가 자기 남편을 죽인 사람과 사이좋게 지내야 한다고 주장하지 않는다. 모든 사람을 좋아해야 한다고 우기지도 않는다. 긍휼의 삶은 죄와 불의를 못 본 척하지 않는다. 현실을 무차별하게—예컨대 사랑과 정욕, 기독교와 무신론, 마르크스주의와 자본주의를 동시에—받아들이지 않는다.

애정의 길은 맹목적 광신을 피한다. 오히려 사물을 꿰뚫어 볼 것처럼 분명히 보려 한다. 우리 마음에 부어진 하나님의 긍휼은 우리로 하여금 눈을 열어 각 사람의 독특한 가치를 보게 한다. "타인은 곧 '나 자신'이다. 우리가 죄 중에 사랑받은 것처럼 우리도 그를 죄 중에 사랑해야 한다."[11]

나는 뉴욕 브루클린의 백인 일색 동네에서 자랐다. 당시 우리 기독교 문화의 어휘에는 흑인, 라틴계, 유대인, 이탈리아 이민자, 동성애자 등을 가리키는 각종 비속어가 으레 빠지지 않았다. 1947년 우리가 좋아하던 브루클린 다저스팀 구단주 브랜치 리키가 피부색을 뛰어넘어 재키 로빈슨을 영입해 메이저리그에서 뛰게 했을 때 우리는 한마디로 그를 '깜둥이를 밝히는 자'로 낙인찍었고, 많은 팬들의 마음이 뉴욕 양키즈팀으로 돌아섰다. 우리는 특히 말콤 X처럼 교육 수준이 높고 호전적인 흑인이 역겨웠다. 그는 자기 분수도 모른 채 내가 보기에 터무니없는 분노로 목소리를 높였다. 흑인의 아름다움, 흑인의 필요, 흑인의 탁월성을 내세워 백인 우월주의에 도전을 가한 것이다. 아일랜드계 가톨릭 교도들에게 백인 우월주의는 기정사실의 언어였고, 지금도 날뛰며 두려움과 무지와 선거표를 선동하고 토의와 대화와 소수계를 제한시키는 미국의 기만술이다.

어려서부터 편견과 편협성과 잘못된 신념, 인종차별과 동성애 혐오의 감정과 태도는 정통 기독교 신앙과 함께 내 머릿속 컴퓨터에 입력되어 왔다. 그것은 모두 사랑을 거스르는 방어기제들이다.

내 어린 시절의 인종차별과 동성애 혐오의 상처는 지식적 계몽과 영적 성숙을 통해서도 사라지지 않았다. 그것은 혈액과 신경처럼 깊고 복잡하게 지금도 내 몸 안에 들어 있다. 나는 평생 그것을 전부 지고 살아왔다. 물론 의식으로 느끼는 정도는 그때그때 달랐다. 다만 어쩌다 마지못해 그것을 인정해야 할 경우, 내가 느끼게 될 고통을 늘 아주 꼼꼼하고 신중하게 살피며 살아왔다. 그러나 지금 나는 정반대 욕구가 갈수록 커지고 있다. 나는 그 상처가 무엇이며 그로 인한 내 현재의 아픔이 얼마나 되는지 최대한 정확히 전부 알고 싶다. 그리고 치유받고 싶다. 나는 그 상처에서 벗어나고 싶다. 내 자손들한테는 전수하고 싶지 않다.[12]

나는 인종차별과 동성애 혐오 편견을 복음 사역자에게 전혀 가당치 않은 것으로 여겨 부정하고 무시하고 억압하려 해봤다. 그 존재를 인정하면 오히려 거기에 힘을 실어 주는 것이라는 생각까지 했다. 그러나 역설적이게도 거기에 힘을 실어 주는 것이 실은 부정과 억압이다.

거짓 자아란 우리가 그것을 인정하고 끌어안고 받아들일 때만 비로소 작아진다. 아바의 자녀라는 내 핵심 정체를 끌어안을 때 우리는 자신을 받아들일 수 있다. 그리고 그렇게 자신을 받아들일 때 타협 없이 정직하게, 하나님의 자비에 온전히 내맡기며 자신의 철저히 깨어진 모습에 마주 설 수 있다. 내 친구 바바라 피언드 수녀의 말처럼 "온전함이란 깨어진 자신을 인정하고 치유받은 상태다."

동성애 혐오와 인종차별은 이 세대의 가장 심각하고 껄끄러운 도덕 이슈 가운데 하나다. 교회도 사회도 우리를 양극단으로 몰아가는 경향이 있다.

종교와 정치 좌익은 뭐든 다 좋다는 주의인 반면, 종교와 정치 우익은 거룩한 척 도덕을 따진다. 어느 쪽 노선이든 비판 없이 받아들이다가는 아바의 자녀라는 자신의 핵심 정체를 저버리는 우상숭배에 빠지고 만다. 자유주의의 방임도 보수주의의 강경책도 흔히 누더기 차림인 인간의 존엄성을 살리지 못한다.

아바의 자녀들은 제3의 대안을 찾는다. 그들을 인도하는 것은 하나님의 말씀, 오직 그것뿐이다. 좌우익을 떠나 모든 종교와 정치체제는 인간의 산물이다. 아바의 자녀들은 그런 죽 한 그릇 — 보수주의든 자유주의든 — 에 자신의 장자권을 팔지 않는다. 그들은 그리스도 안에 있는 자신의 자유를 굳게 붙들고 복음대로 살아간다. 문화의 쓰레기, 정치의 잡동사니, 분란을 일삼는 종교의 가식적 위선에 오염되지 않는다. 동성애자들을 괴롭히는 성향이 있는 사람들은 아바의 자녀들에게 조금도 도덕적 권위를 내세울 수 없다. 예수님은 그렇게 꽉 막힌 사람들을 당대 종교의 본질을 오염시키는 자들로 보셨다. 그런 배타적·분열적 종교는 길 없는 지점이요 흉측해진 에덴동산이다. 인간이 인간 최고의 본능으로부터 쓸쓸히 영적으로 소외되는 교회다.

뷰크너는 말했다. "우리는 자신이 어떻게 잘못됐는지 늘 알고 있다. 가장 문명화된 지금도 여전히 우리 안에 있는 악의, 진실하지 못함, 곧 자신의 참 모습을 가리는 가면. 시기, 곧 남들이 잘될 때 배 아파하는 것. 모든 중상모략, 곧 서로 사랑할 때조차도 서로의 허상을 만들어 피차 그 허상으로 대하는 것. 이 모든 유치한 난센스와 추한 모습. 베드로는 '그것을 벗어 버리고 구원에서 자라 가라. 그리스도를 위해 장성하라'고 말씀한다."[13]

서로 사랑하라는 예수님의 계명은 국적, 지위, 인종, 성적 선호, '타인'의 내재적 매력 따위에 제한받지 않는다. 타인, 곧 내 사랑을 받아야 할 사람은 선한 사마리아인의 비유에 분명히 나타난 것처럼 내가 반응할 수 있는 모든 사람이다. 예수님은 "네 생각에는 이 세 사람 중에 누가 강도 만난 자의 이웃이 되겠느냐"고 물으셨다. "자비를 베푼 자니이다"라는 대답이 나오자 그분은 "가서 너도 이와 같이 하라"고 말씀하셨다.

하나님 나라의 긍휼에는 이렇듯 절대 무차별의 특성이 있다. 그 특성을 강조하신 것이 예수님의 거의 모든 가르침의 핵심 주제다.

무차별적 긍휼이란 무엇인가? "장미꽃을 보라. 장미가 '나는 착한 사람들한테만 향기를 발하고 나쁜 사람들한테는 향기를 거둬야지'라고 말하는 것이 가능한가? 또 등불이 자기 불빛 아래 걸으려는 악인한테 빛을 거두는 모습을 상상할 수 있는가? 그렇게 되는 순간 그것은 이미 등불이 아니다. 또 나무가 선인이든 악인이든 젊은이든 노인이든 높은 자든 낮은 자든 모든 사람에게, 인간뿐 아니라 동물에게, 모든 피조물에게, 심지어 자기를 자르려는 자에게까지 대책 없이 무차별로 그늘을 내주는 모습을 보라. 무차별성, 그것이야말로 긍휼의 으뜸가는 특성이다."[14]

얼마 전 로즐린과 나는 하루 휴가를 내 이곳 뉴올리언스 프랑스 구역에서 놀기로 했다. 우리는 특이한 수프를 먹어 보고 굴요리 냄새를 맡으며 잭슨 광장을 한 바퀴 돌다가 마침내 하겐다즈 아이스크림 가게 앞에 멈춰서 레지스탕스라는 이름의 콘을 먹었다. 아몬드와 호도를 넣고 갖가지 캔디와 버무린 프랑스식 아이스크림으로 입에서 살살 녹는 맛에 한동안 정신을 못 차릴 정도였다.

버본가에서 모퉁이를 도는데 스물한 살쯤 되어 보이는 여자가 활짝 웃으며 우리한테 다가와 재킷에 꽃 한 송이를 꽂아 주며 자기 종교단체에 돈을 좀 기부하겠느냐고 물었다. 무슨 단체냐고 물었더니 여자는 "통일교요"라고 답했다.

"통일교 신자군요. 창시자가 문선명 선생이지요."

"네." 여자가 대답했다.

분명 여자는 불리한 처지에 있었다. 첫째, 여자는 예수 그리스도를 자신의 구주와 주님으로 인정하지 않는 이교도였다. 둘째, 여자는 교주에게 세뇌당해 이단의 최면에 걸린 지각없고 어리석고 고지식하고 나약한 아이였다.

나는 말했다. "수전, 해줄 말이 있어요. 자신의 양심에 이렇게 충직하고 성실하니 정말 대단합니다. 이렇게 길거리에 나와 진정 자신이 믿는 바를 행동으로 옮기고 있으니까요. 자칭 '그리스도인'이라는 모든 사람에게 도전이 됩니다."

로즐린은 팔을 내밀어 여자를 끌어안았다. 나는 두 사람을 함께 끌어안았다.

"그리스도인이세요?" 여자가 물었다.

"예." 로즐린이 말했다.

여자가 고개를 숙였고 길 위로 떨어지는 눈물이 보였다. 잠시 후 여자는 말했다. "오늘 여기 나온 지 여덟 시간 됐어요. 저를 친절히 대해 준 그리스도인은 두 분이 처음이에요. 다른 사람들은 나를 경멸의 눈빛으로 쳐다보거나 내가 귀신이 씌었다고 소리치곤 했지요. 성경책으로 치고 간 여자도 있어요."

하나님 나라를 임하게 하는 것은 진심에서 우러난 긍휼이다. 경계도 차별도 구분도 분파적 분열도 모르는 애정의 길이다. 하나님의 인간 얼굴이신 예수님은, 참된 제자도의 본질과 아바의 자녀의 생활방식에 대한 깊은 묵상으로 우리를 부르신다.

The Pharisee and the Child 5

바리새인과 자녀

철학자 버트런드 러셀(Bertrand Russell)은 「나는 왜 기독교인이 아닌 가」(*Why I Am Not a Christian*)라는 책에 이렇게 썼다. "기독교의 도래와 더불어 세계에 퍼진 편협한 사고방식은 기독교의 가장 신기한 특성 중 하나다."

역사는 종교와 종교인들이 편협해지는 경향이 있음을 증거하고 있다. 종교는 생명, 기쁨, 신비에 대한 우리의 역량을 넓혀 주는 것이 아니라 오히려 위축시킬 때가 많다. 조직신학이 발전할수록 경이감은 줄어든다. 삶의 역설과 모순과 모호성이 체계적으로 정리되고, 하나님조차 가죽표지 책장 안에 밀쳐져 꼭꼭 갇히고 만다. 성경은 사랑 이야기가 아니라 세세한 지침서로 간주된다.

예수 그리스도와 바리새인 간의 모든 만남 속에 조작적인 종교의 책략이 모습을 드러낸다. 특히 통쾌한 대면이 하나 있다. 그 충격 효과를 온전히 맛보기 위해 먼저 유대인의 안식일 개념을 추적할 필요가 있다.

첫째, 안식일은 무엇보다 창조를 기념하는 날이었다. 창세기에 이런 말씀이 있다. "하나님이 지으신 그 모든 것을 보시니 보시기에 심히 좋았더라.······하나님이 그가 하시던 일을 일곱째 날에 마치시니 그가 하시던 모든 일을 그치고 일곱째 날에 안식하시니라. 하나님이 그 일곱째 날을 복되게 하사 거룩하게 하셨으니 이는 하나님이 그 창조하시며 만드시던 모든 일을 마치시고 그날에 안식하셨음이니라"(1:31; 2:2-3).

일곱째 날은 창조작업의 완성을 축하하는 날이요 여호와께 거룩한 날이다. 안식일은 하나님을 위해 특정 시간을 구별해 바치는 성스러운 날이다. 그날은 "나는 네 하나님 여호와, 너를 지은 자라"고 말씀하신 분께 바치는 유대인들의 기념일이다. 안식일은 절대주권이 하나님께 있다는 엄숙한 고백이요 신앙공동체가 자신의 삶과 존재를 그분께 빚지고 있음을 인정하는 공적 귀속행위였다. 창조기념일인 안식일은 하나님의 모든 선하심에 대한, 그리고 유대인의 모든 존재와 소유에 대한, 찬양과 감사의 예배를 뜻했다. 일하지 않고 쉬는 것은 부차적인 문제였다.

돈과 쾌락 등 일체의 육체적 안락에 대한 집착에서 벗어나 쉰다는 것은 창조주에 대해 바른 시각을 얻는다는 뜻이었다. 안식일에 유대인들은 지난 한 주간의 일들을 보다 넓은 정황에서 돌아보면서, 하나님께 "주께서 참 통치자시며 저는 주님의 청지기일 뿐입니다"라고 고백했다. 안식일은 정직함으로 진지하게 묵상하는 날, 자신을 돌아보고 삶의 방향을 점검하며 새롭게 하나님 안에 뿌리내리는 날이었다. 안식일이면 유대인들은 이런 기도를 배웠다. "저희 마음은 일주일 내내 쉼을 몰랐으나 오늘 주님 안에서 다시 쉽니다." 창조기념일인 유대인의 안식일은 그리스도 예수 안에서 우리의 재창조를 기념하는 신약의 일요일의 그림자였다.

둘째, 안식일은 언약의 기념일이기도 했다. 시내산에서 모세에게 두 돌판을 주실 때 하나님은 백성들에게 이렇게 명하셨다. "이같이 이스라엘 자손이 안식일을 지켜서 그것으로 대대로 영원한 언약을 삼을 것이니 이는 나와 이스라엘 자손 사이에 영원한 표징이며"(출 31:16-17). 따라서 매번 안식일은 하나님과 그 택하신 백성 사이의 언약을 엄숙히 되새기는 날이었다. 백성들은 그분을 섬기는 헌신을 새로이 다졌다. 안식일마다 그들은 "너희가 내 말을 잘 듣고 내 언약을 지키면 너희는 모든 민족 중에서 내 소유가 되겠고 너희가 내게 대하여 제사장 나라가 되며 거룩한 백성이 되리라"(출 19:5-6) 하신 하나님의 약속 안에서 다시금 즐거워했다.

다시 말하지만 일을 쉬는 것은 안식일 준수의 일차적 초점이 아니었다. 그것은 예배의 보충이자 일종의 예배 자체였다. 안식일 축제의 본질적 요소는 어디까지나 예배였다.

세월이 흘러 선지자 이사야는 안식일을 '기쁨의 날'이라 말하곤 했다. 금식과 애통은 금지되었다. 특별한 흰색 명절 옷을 입고 시종 즐거운 음악 속에 안식일을 지켜야 했다. 더 나아가, 잔치는 성전에만 국한되지 않았다. 안식일은 정통 유대인 가정의 가장 큰 잔치였고 지금도 그렇다. 예나 지금이나 정통 유대인의 특징이 되어 온 놀랍도록 안정된 가정생활과 친밀한 가족 유대의 핵심 기초를 안식일로 꼽을 정도로, 그날은 중요한 날이다. 식구들이 전원 참석해야 하는 것은 물론이고 초청된 손님들, 특히 가난한 자, 외국인, 나그네도 동석했다. (누가복음 7장에는 순회 설교자 예수님이 안식일에 바리새인 시몬의 집에서 저녁을 드시는 장면이 나온다.)

안식일 축일은 금요일 해 질 무렵 가정의 어머니가 촛불을 켜는 의식으로 시작된다. 이어 아버지가 포도주잔에 감사기도를 드린 후 자녀들의 머리에 일일이 손을 얹고 각자에 맞는 기도로 엄숙히 그들을 축복했다. 성례에 준하는 이런 많은 유사한 몸동작은 안식일을 거룩하게 했을 뿐 아니라 유대인 가정을 성결케 했다. 가정을 부모가 제사장이고 식탁이 제단인 작은 성전으로 만들었다.

　불행히도 바벨론 포로시대 이후 안식일의 기본인 영적 의미가 퇴색했다. 영성이 바닥난 지도자들 밑에서 슬그머니 초점이 뒤바뀐 것이다. 종교를 자기 정당화의 방패요 판단의 검처럼 메고 다니던 바리새인들은 완벽주의를 요구하는 냉혹한 규정을 제정했다. 그런 방식으로 자신들이 지위와 통제권을 휘어잡을 수 있었기 때문이다. 반면에 신자들에게는 그것이 구원의 길의 점진적 과정이라고 주입시켰다. 바리새인들은 하나님의 이미지를 속이 옹졸한 영구적 회계원쯤으로 왜곡시켰다. 율법과 규정만 꼼꼼히 잘 지키면 그분의 호의를 얻어 낼 수 있었다. 종교는 인간에게 자유와 능력을 주는 도구가 아니라 오히려 인간을 윽박질러 노예로 삼는 도구가 되었다. 유대교 신자들은 안식일의 부차적 측면인 노동 금지에 중점을 두도록 배웠다.

　선지자들이 강조했던 창조와 언약의 즐거운 잔치는 사라졌다. 안식일은 율법주의의 날이 되었다. 수단이 목표가 된 것이었다. (여기 율법주의적 종교의 특징이 있으니, 곧 기본적 문제와 부수적 문제를 감쪽같이 바꿔 놓는 것이다.) 그와 동시에 온갖 잡다한 금령과 규정이 나와 안식일을 병적 과민증세를 낳는 무거운 짐으로 변질시켰다. 바로 그런 안식일을 나사렛 예수께서 그토록 격렬하게 비난하신 것이다.

　그로부터 17세기 후, 시시콜콜 따지는 바리새인적 안식일 해석이 뉴

잉글랜드에 상륙했다. 코네티컷 법전에 이런 대목이 있다. "안식일에는 경건하게 집회에 오는 경우 외에는 아무도 뛸 수 없고 자기 집 마당이든 어디든 걸을 수도 없다. 안식일에는 아무도 돌아다니거나 음식을 만들거나 침대를 정돈하거나 집을 쓸거나 머리를 자르거나 면도할 수 없다. 주일날 남자가 자기 아내한테 혹은 아내가 남편한테 키스할 경우 잘못한 사람은 치안판사 법정의 판결에 따라 처벌된다."

그러나 역설적이게도 하나님과 인간 사이에 들어온 것은 까다로운 도덕과 사이비 경건이다. 회개하기 가장 어려운 이들은 창녀와 세리가 아니다. 자신은 안식일 규정을 어기지 않았기에 회개할 필요 없이 안전하다고 생각하는 독실한 자들이다.

바리새인들은 부수적 종교행위와 의식과 방법과 절차에 혼신을 기울인다. 그래서 비판적이고 기계적이고 생기라곤 없으며 자신은 물론 남에게도 관용할 줄 모르는 이른바 거룩한 자들을 만들어 낸다. 거룩함과 사랑에 정반대되는 난폭한 자들이요 "신앙이라는 이름으로 거침없이 메시아를 십자가에 못박는 자칭 신앙인들"이다.[1] 예수님은 강도나 강간범이나 자객들의 손에 죽으신 것이 아니다. 그분은 사회에서 가장 존경받던 지극히 종교적인 사람들의 깨끗이 씻긴 손에 당하셨다.

———

그때에 예수께서 안식일에 밀밭 사이로 가실새 제자들이 시장하여 이삭을 잘라 먹으니 바리새인들이 보고 예수께 말하되 보시오 당신의 제자들이 안식일에 하지 못할 일을 하나이다. 예수께서 가라사대 다윗이 자기와 그 함께한 자들이 시장할 때에 한 일을 읽지 못하였느냐. 그가 하나님의 전에 들어가서 제사장 외에는 자기나 그 함께한 자들이 먹어서는 안되는 진설병을 먹지 아니하였느냐. 또 안식일에 제사장들이 성전 안에서 안식을 범하여도 죄가 없음을 너희가 율법에서 읽지 못하였느냐. 내가 너희에게 이르노니 성전보다 더 큰 이가 여기 있느니라. **나는 자비를 원하고 제사를 원하지 아니하노라** 하신 뜻을 너희가 알았더라면 무죄한 자를 정죄하지 아니하였으리라. 인자는 안식일의 주인이니라 하시니라(마 12:1-8).

이것은 작은 문제가 아니었다. 바리새인들은 율법 규정의 우선적 중요성을 강조했다. 인간의 진정한 필요와 기본 존엄성은 안중에 없었다. 그러나 예수님은 율법 자체가 목표가 아니라 목표의 수단임을 강조하셨다. 순종은 하나님 사랑과 이웃 사랑의 표현이었고, 따라서 사랑을 가로막는 경건은 무엇이 되었든 하나님 자신을 가로막는 것이었다. 그런 자유는 유대교 체제에 도전을 가했다. 하지만 예수님은 자신이 율법을 폐하러 온 것이 아니라 완전케 하러 오셨다고 말씀하셨다. 그분이 제시하신 것은 새로운 율법이 아니라 사랑의 삶에 기초한, 율법에 대한 새로운 태도였다.

바리새인적 정신은 종교의 권위를 사용해 남들을 지배하고 끝없는 규정의 실타래에 얽어매며 그들의 고생하는 모습을 지켜보면서도 도와주지 않는 사람들을 통해 오늘도 위세를 부리고 있다. 유진 케네디(Eugene Kennedy)는 "바리새인들의 힘은 그들이 순진한 유대인들의 등에 쌓아 올리는 짐에서 생겨나며, 그들의 만족은 하나님의 눈 밖에 날지 모른다는 인간의 두려움에 대한 유치한 조작에서 비롯된다"고 역설했다.[2] 한 교회 입구에 세워진 '동성애자 사절'이라는 간판은 1940년대 남부의 한 중고품 가게 창문에 나붙었던 '개와 깜둥이 사절!'이라는 말만큼이나 모욕적이고 치사한 것이다.

"나는 자비를 원하고 제사를 원하지 아니하노라" 하신 예수님의 말씀은 시대를 초월해 모든 신자들에게 주시는 말씀이다. 케네디는 이렇게 말했다. "역사상 누구든 율법과 규정과 전통을 고통받는 인간보다 앞세운 자들은 [바리새인들과] 같은 계통에 서서 똑같이 독선적으로 무죄한 자를 정죄한 것이다."[3]

관용을 모르는 편협한 종교의 이름으로 파멸당한 삶이 얼마나 많을 것인가!

어느 시대를 막론하고 바리새인들의 특기는 남을 욕하고 비난해 죄책감에 빠뜨리는 것이다. 그들은 제 눈의 들보는 보지 못하면서 남의 눈의 티만 찾아내는 재주가 있다. 바리새인들은 야망에 눈멀어 자신의 거짓 자아를 보지 못하며 따라서 그것을 남들에게 투사한다. 이것이 그들의 장기요 재능이며, 가장 뻔하고 확실한 반응이다.

지난주에 친구 누님의 장례식에 가던 길이었다. 다리목에 시속 90킬로미터라는 표지판이 보였다. 조금 지나니 제한속도가 다시 100킬로미터로 올라가는 것을 알리는 표지판이 나왔다. 급히 가속페달을 밟다 보니 그만 110킬로미터가 되고 말았다. 그때 갑자기 경찰이 나타나 내 차를 세웠다. 경찰관은 흑인이었다. 나는 급히 장례식에 가던 길이라고 해명했다. 그는 무심히 듣더니 내 번호판을 살피고는 가차 없이 과속딱지를 떼었다. 나는 앙심을 품은 인종차별이라고 다짜고짜 마음속으로 욕을 해댔다. 필시 교회에 늦게 된 것도 그 사람 탓으로 돌렸다. 내 속에 잠자고 있던 바리새인은 자신이 아직도 시퍼렇게 살아 있음을 그렇게 확인시켜 주었다.

누군가를 탓할 때마다 우리는 정작 자신이 연루된 문제에 대해 희생양을 찾는 것이다. 실패와 실수를 통해 자신을 알아 가며 자라려는 것이 삶의 정직한 성찰이다. 그러나 비난은 그것의 방어적 대용품이다. 토머스 무어(Thomas Moore)는 "비난은 근본적으로 자신의 과오를 의식하지 않으려고 외면하는 행위다"라고 말했다.[4]

유대교의 바리새파는 비교적 소규모의 '구별된 자들'로 이루어졌다. 그들은 유대교 신앙이 외세에 희석되지 않도록 지키고자 그리스도께서 오시기 거의 2세기 전부터 모세 율법을 세세히 지키는 삶에 자신들을 바쳤다. "그들의 삶은 율법의 갖가지 괴로운 변주곡을 연주하여 끊임없이 악기를 조율하는 관현악단이요 하나의 긴 리허설이다."[5]

유대인들이 포로로 잡혀가기 전, 그러니까 언약의 정신이 생생히 살아 있던 때만 해도 사람들은 하나님의 사랑의 그늘이 안전하게 느껴졌다. 그러나 히브리어 성경에 대한 이해가 약해지면서 바리새인 시대의 유대인들은 오히려 율법의 그늘이 안전하게 느껴졌다. 나사렛 목수가 전한 은혜의 복음이 무엄하게 느껴진 것은 당연한 일이다.

율법을 지킴으로써 하나님께 사랑받는다는 것은 바리새인들의 태도다. 하나님의 수용은 바리새인의 행동으로 결정되는 부차적인 일이다. 예수님은 상황을 정반대로 보신다. 하나님의 수용과 애정과 사랑이 먼저이며, 그것이 동기가 되어 제자들은 사랑의 율법을 실천하게 된다. "우리가 사랑함은 그가 먼저 우리를 사랑하셨음이라"(요일 4:19).

부모의 사랑을 전혀 받지 못한 아이가 있다고 해보자. 어느 날 아이는 부모의 사랑을 듬뿍 받는 한 친구를 만난다. 아이는 혼자 중얼거린다. "나도 저렇게 사랑받고 싶다. 난 저런 사랑을 받아 보지 못했어. 지금부터 착한 행동으로 부모님의 사랑을 얻어 내야지." 그리하여 부모의 애정을 얻어 내기 위해 아이는 양치질도 하고 이불도 개고 웃기도 하고 인사성도 발라지고 삐치거나 울지도 않고 뭘 달라고 하지도 않고 부정적 감정도 숨긴다.

이것이 바리새인들의 방법이다. 그들은 하나님의 사랑을 얻어 내려고 율법을 흠 없이 지킨다. 주도권은 그들 쪽에 있다. 그들의 하나님관은 결국 행위의 신학에 그들을 가둔다. 하나님은 만나는 사람마다 트집 잡지 못해 안달인 '뻐꾸기 둥지 위로 날아간 새'의 얄미운 래치드 간호사 같은 분이다. 그러니 바리새인들은 허점을 없애는 생활방식에 매달릴 수밖에 없다. 그러다 최후의 심판 날, 그들은 하나님 앞에 완벽한 이력을 내밀 수 있고 하나님은 마지못해 그들을 받아 줄 수밖에 없다. 바리새인들의 심리로 보자면 잔과 접시를 닦고 이레에 두 번씩 금식하고 박하와 회향과 근채의 십일조를 드리는 종교가 아주 매력 있어 보인다.

얼마나 불가능한 짐인가! 멀리 계신 완벽주의적 하나님의 마음에 들려는 노력은 우리를 탈진시킨다. 율법주의자들은 자신들이 하나님을 향해 세워 둔 기대에 절대 부응할 수 없다. "언제나 새로운 율법과 그에 따른 새로운 해석, 교회의 가장 예리한 면도날로 해부하고 따져야 할 새로운 조항이 나오게 되어 있기 때문이다."[6]

우리 내면의 바리새인은 거짓 자아의 종교적 얼굴이다. 그 이상주의적·완벽주의적·신경증적 자아는 앨런 존스가 말한 '테러리스트 영성'에 시달린다. 하나님과 바른 관계를 지켜야 한다는 막연한 불안감이 바리새인의 양심을 괴롭힌다. 하나님과 무사해야 한다는 강박관념이 신경증적 완벽 욕구를 부추긴다. 이 끝없는 도덕적 자기평가의 강박증으로 인해 하나님의 수용을 느낄 수 없게 된다. 바리새인의 패배의식은 처참한 자존감 상실로 이어져 불안과 두려움과 우울을 불러일으킨다.

내가 실체보다 외관을 중시할 때마다, 하나님을 무서워할 때마다, 예수님과 연합한 삶의 모험을 감수하기보다 규율에 내 영혼의 통제권을 내줄 때마다, 착하지 않으면서 착해 보이려 하고 본질보다 껍데기에 치중할 때마다, 내면의 바리새인이 내 참 자아의 자리에 올라앉는다. 머튼의 말이 생각난다. "내 동시대 사람들에게 전할 메시지가 내게 있다면 단연 이것이다. 미치광이든 주정뱅이든 무엇이든 마음대로 되어도 좋다.……그러나 무슨 일이 있어도 이 한 가지만은 피하라. 바로 '성공'이다."[7] 물론 머튼이 말하는 것은 성공의 우상, 바리새인처럼 명예와 권력에 안달하는 태도, 아첨꾼들의 눈앞에 거짓 자아의 이미지를 내세우려는 집요한 욕구다. 반대로, 내가 거짓 겸손으로 성취의 기쁨을 외면하고 인정과 칭찬을 비웃는다면, 그것은 자신이 겸손하다는 교만에 빠지는 것이요 현실 속의 사람들과 분리되고 소외되는 것이다. 거짓 자아가 다시 득세한다!

내 안에 거하는 바리새인이 가장 두드러지게 나타날 때는 내가 인종차별주의자, 편협한 신앙에 사로잡힌 자, 동성애 혐오자들에 대해 도덕적 우월감을 느낄 때다. 설교자가 불신자, 자유주의자, 뉴에이지 추종자, 기타 울타리 밖 사람들을 깎아내릴 때 나는 수긍하며 고개를 끄덕인다. 할리우드와 장삿속 TV와 선정적 복장과 로큰롤에 대한 그 설교자의 맹비난을 듣노라면 신랄한 단어가 다 어디 갔나 싶을 정도다.

그럼에도 내 서재에는 성경주석과 신학서적이 넘쳐 난다. 나는 꾸준히 교회에 나가며 날마다 기도한다. 집에 십자가상이 있고 내 주머니에도 십자가가 있다. 내 삶은 처음부터 끝까지 철저하게 종교로 빚어지고 종교로 배어 있다. 나는 금요일에는 고기를 먹지 않는다. 기독교 기관들의 재정을 후원한다. 나는 하나님과 교회에 헌신된 전도자다.

화 있을진저, 외식하는 서기관들과 바리새인들이여. 너희가 박하와 회향과 근채의 십일조는 드리되 율법의 더 중한 바 정의와 긍휼과 믿음은 버렸도다.……맹인 된 인도자여. 하루살이는 걸러 내고 낙타는 삼키는도다.……화 있을진저, 외식하는 서기관들과 바리새인들이여. 회칠한 무덤 같으니 겉으로는 아름답게 보이나 그 안에는 죽은 사람의 뼈와 모든 더러운 것이 가득하도다. 이와 같이 너희도 겉으로는 사람에게 옳게 보이되 안으로는 외식과 불법이 가득하도다(마 23:23-24, 27-28).

바리새인과 세리의 비유를 보면, 바리새인은 성전에 서서 이렇게 기도한다. "하나님이여, 나는 다른 사람들 곧 토색, 불의, 간음을 하는 자들과 같지 아니하고 이 세리와도 같지 아니함을 감사하나이다. 나는 이레에 두 번씩 금식하고 또 소득의 십일조를 드리나이다"(눅 18:11-12).

이 기도는 감추려야 감출 수 없는 바리새인의 두 가지 잘못을 보여준다. 첫째, 그는 자신의 신앙심과 거룩함을 대단히 자부하고 있다. 그의 기도는 이미 있는 부분에 대한 감사가 전부다. 아직 없는 부분, 아직 되지 못한 부분에 대한 간구는 없다. 자신에게 아무 결함도 없다는 믿음이 그의 결함이다. 그는 자화자찬에 빠져 있다. 두 번째 잘못은 첫 번째 것과 관련 있다. 그는 남을 경멸한다. 남을 판단하고 정죄한다. 자신이 그들보다 우위에 있다는 확신 때문이다. 그는 자기의에 빠져 불의하게 남을 정죄하는 사람이다.

자신을 눈감아 준 바리새인은 정죄받는다. 자신을 정죄하던 세리는 사함받는다. 우리 내면의 바리새인을 부정하는 것은 극히 해로운 일이다. 우리는 반드시 내면의 바리새인과 친해져야 한다. 함께 대화해야 한다. 그가 하나님 나라 밖에서 평안과 행복을 구해야만 하는 이유가 무엇인지 물어봐야 한다.

내가 참석했던 기도회에서 60대 중반의 남자가 맨 먼저 입을 열었다. "오늘은 회개할 것이 하나도 없어서 하나님께 감사하고 싶습니다." 그의 아내가 신음소리를 냈다. 그의 말은 자신이 공금을 착복하거나 하나님이란 단어로 욕하거나 간음하거나 십계명을 하나도 어기지 않았다는 뜻이었다. 그는 우상숭배, 술 취함, 성적 무책임, 기타 유사한 일을 멀리했다. 그럼에도 그는 바울이 말한 하나님의 자녀의 내적 자유에 전혀 들어서지 못했다.

우리가 바리새인과 자녀의 극명한 대조를 무시한 채 인격과 행위에 계속 죄인/성도의 이분법만 고집한다면, 영적 성장은 돌연 교착상태에 빠질 것이다.

하나님과 종교에 대한 바리새인들의 시각과는 전혀 대조적으로, 은혜의 복음에 대한 성경의 시각은 자녀의 시각이다. 사랑밖에 경험한 것이 없고, 이미 사랑받고 있기에 최선을 다하려는 자녀다. 설령 실수해도 자녀는 그것 때문에 부모의 사랑이 위태로워지지 않는다는 것을 안다. 방 청소를 안한다고 부모의 사랑이 끝나리라는 가능성은 자녀로서 생각조차 들지 않는다. 자녀의 특정 행동이 못마땅할 수는 있어도 부모의 사랑은 자녀의 행위에 달린 것이 아니다.

바리새인의 강조점은 언제나 자신의 노력과 성취에 있다. 은혜의 복음은 하나님의 사랑이 으뜸임을 강조한다. 바리새인은 흠 없는 행동을 음미하나 자녀는 하나님의 불가항력적 애정을 기뻐한다.

"선하신 하나님 앞에 어린아이로 남는다"는 말이 무슨 뜻이냐는 여동생의 질문에 리지외의 테레사(Therese of Lisieux)는 이렇게 답했다.

자신이 아무것도 아님을 깨닫는 것이다. 어린아이가 모든 것을 아버지한테 바라듯이 모든 것을 선하신 하나님께 바라는 것이다. 어떤 일로도 불안해지지 않는 것이다. 출세하려 하지 않는 것이다.…… 또 작아진다는 것은 자신이 실천하는 덕목을 마치 제 힘으로 뭔가 이룰 수 있다는 듯 자신의 공로로 돌리지 않는 것이다. 선하신 하나님께서 필요할 때마다 쓰라고 그 보배를 당신의 어린 자녀의 손에 넣어 주셨음을 깨닫는 것이다. 그러나 언제나 그 보배는 선하신 하나님의 것이다. 끝으로 그것은 자신의 부족한 모습에 절대 낙심하지 않는 것이다. 아이들은 종종 넘어지지만 스스로 큰 해를 입히기에는 너무 작기 때문이다.[8]

자녀가 세상에 이름을 내기 전부터 부모는 어린 자녀를 사랑한다. 어머니는 놀러 온 이웃집 부인한테 아기를 번쩍 들어올리고는 이렇게 말하는 법이 없다. "얘가 우리 딸이에요. 장차 변호사가 될 거랍니다." 그러므로 정서적으로 안정된 자녀가 장차 커서 이루는 일은, 인정과 수용을 얻어 내려는 노력이 아니라 사랑받고 있다는 의식이 자연스레 흘러넘친 결과다.

바리새인이 거짓 자아의 종교적 얼굴이라면 내면의 아이는 참 자아의 종교적 얼굴이다. 아이는 내 진정한 자아를 대변하고 바리새인은 내 거짓된 자아를 대변한다. 여기서 우리는 심층 심리학과 영성의 멋진 결합을 본다. 정신분석의 목표는 내담자의 신경증을 노출시켜 그를 진실성이 결여된 거짓된 상태와 억지 논리에서 벗어나게 한다. 그런 다음 어린아이처럼 실체에 마음을 열어 예수께서 우리에게 명하신 상태—"너희가 돌이켜 어린아이들과 같이 되지 아니하면"—로 옮겨 가게 해주는 것이다.

내면의 아이는 자신의 감정을 잘 알며 거리낌 없이 표현한다. 바리새인은 감정을 편집하여 삶의 여러 상황 앞에 정형화된 반응만을 보인다. 재클린 케네디가 바티칸을 처음 방문했을 때 교황 요한 23세는 내무장관 몬티니 추기경에게 내방 명사인 미국 대통령 부인에게 적합한 호칭이 무엇이냐고 물었다. 몬티니는 '부인'이나 '케네디 여사'가 적합하겠다고 답했다. 장관이 나가고 몇 분 후 문간에 퍼스트레이디가 들어섰다. 교황의 눈빛이 밝아졌다. 그는 넘어질 듯 다가가 그녀를 끌어안으며 큰소리로 "재클린!" 하고 불렀다.

자녀는 감정을 자연스레 표현한다. 바리새인은 감정을 조심스레 억압한다. 내가 내성적인지 외향적인지, 다혈질인지 우울질인지의 문제가 아니다. 내 솔직한 감정을 **표현하느냐 억압**하느냐의 문제다. 존 파웰(John Powell)은 자기 부모의 묘비에 "여기 전혀 서로를 몰랐던 두 사람이 잠들다"라고 새겨야 될 것 같다고 서글프게 토로한 바 있다. 그의 아버지는 전혀 감정을 털어놓을 줄 몰랐고, 그의 어머니는 남편의 속을 알 길이 없었다. 남에게 나를 열어 보이는 것, 내 외로움과 두려움에 대해 거짓말을 그치는 것, 내 감정에 솔직해지는 것, 그리고 그 감정이 내게 얼마나 중요한지 남한테 말하는 것, 이런 열린 마음이 바리새인에 대한 자녀의 승리요 성령의 역동적 임재에 대한 증거다. "주의 영이 계신 곳에는 자유가 있느니라"(고후 3:17).

감정을 무시하거나 억압하거나 일축하는 것은 우리의 정서생활 가운데 일하시는 성령의 음성을 듣지 못하는 것이다.[9] 예수님은 들으셨다. 요한복음에서 우리는 깊디깊은 감정에 겨우신 예수님을 볼 수 있다

(11:33). 마태복음에는 그분의 분노가 폭발하는 모습이 나온다. "외식하는 자들아, 이사야가 너희에 관하여 잘 예언하였도다. 일렀으되 이 백성이 입술로는 나를 공경하되 마음은 내게서 멀도다.……나를 헛되이 경배하는도다"(15:7-9). 그분은 무리에게 중보기도를 명하셨다. "그들이 목자 없는 양과 같이 고생하며 기진함"을 보시고 "불쌍히 여기"셨기〔안타까운 감정이 드셨기〕때문이다(9:36). 나인 성의 과부를 보시고 그분은 "불쌍히 여기사 울지 말라 하"셨다(눅 7:13). 예수께서 감정을 억압하셨다면 과부의 아들이 살아날 수 있었을까?

"가까이 오사 성을 보시고 우시며 이르시되 너도 오늘 평화에 관한 일을 알았더라면"(눅 19:41-42). 이때의 그분 마음에는 절로 비탄과 좌절이 끓어올랐다. 예수님은 감정의 자제심을 모두 버리고 이렇게 일갈하신 적도 있다. "너희는 너희 아비 마귀에게서 났으니 너희 아비의 욕심대로 너희도 행하고자 하느니라"(요 8:44, 55 참조). 베다니 시몬의 집에서 식사 중에 하신 "가만 두라. 너희가 어찌하여 그를 괴롭게 하느냐"(막 14:6)는 말씀에는 은근히 짜증이 묻어난다. "내가……얼마나 너희에게 참으리요"(마 17:17)라는 말씀에는 몹시 속상하신 마음이, "사탄아, 내 뒤로 물러가라. 너는 나를 넘어지게 하는 자로다"(16:23)는 말씀에는 적나라한 격분이, "내게 손을 댄 자가 있도다. 이는 내게서 능력이 나간 줄 앎이로다"(눅 8:46)는 말씀에는 극도의 민감함이, "이것을 여기서 가져가라. 내 아버지의 집으로 장사하는 집을 만들지 말라"(요 2:16)는 말씀에는 불 일 듯한 분노가 담겨 있다.

그분의 존재의 온기가 좀처럼 더 이상 느껴지지 않을 만큼 우리는 역사상 실존 인물인 예수 위에 너무 많이 재를 뿌려 놓았다. 그분은 인간이다. 우리에게 잊혀진 인간 본연의 모습이다. 즉 그분은 진실하고 직선적이고 감정이 풍부하고 남을 조종할 줄 모르고 민감하고 긍휼이 넘치는 분이다. 우는 것이 남자답지 못한 일로 느껴지지 않을 만큼 그분 내면의 아이는 한없이 자유로웠다. 그분은 사람들을 똑바로 대면하셨고, 자신의 정직함을 대가로 한 흥정이라면 일절 사양하셨다.

복음서에 그려진 아바의 사랑받는 자녀 예수님은 자신의 감정과 아름답게 조화를 이루고 그것을 거리낌 없이 표현한 한 인간의 모습이다. 인자 예수님은 감정을 변덕스럽고 믿을 수 없는 것이라 하여 경멸하거나 거부하시지 않았다.

저녁 먹으러 나가기 전 내 아내 로즐린은 "잠깐만 화장 좀 하고요"라고 말하곤 한다. 바리새인은 항상 종교적 화장을 하고 있어야 한다. 바리새인은 인정과 칭찬에 대한 왕성한 욕구 때문에 점잖은 이미지를 줘야 하고 실수와 실패를 애써 피해야 한다. 검열을 거치지 않은 감정은 큰 문제를 일으킬 수 있다.

하지만 감정이야말로 자아와 주변세계에 대한 지각의 가장 직접적 반응이다. 긍정적인 것이든 부정적인 것이든 감정을 통해 우리는 자신의 참 자아를 만난다. 감정은 선한 것도 악한 것도 아니다. 그저 우리 내면에서 벌어지는 일의 진상일 뿐이다. 감정에 반응하는 방식을 통해 우리가 정직하게 사느냐 거짓으로 사느냐가 결정된다. 믿음으로 빚어진

사리 분별에 맡겨질 때 감정은 적절한 행동 또는 침묵에 대한 듬직한 신호 역할을 한다. 그러나 감정을 부정하고 대치하고 억압하면 자신과 친해질 수 없다.

내 안에 사는 바리새인은 '영화'(靈化)라고 하는 기만적 정신작용으로 내 참 자아를 분해하고 내 인간성을 부정하고 내 감정을 위장하는 길을 고안해 냈다. 종교를 빙자한 내 생각의 교활한 수작은 나를 내 감정에서 차단시킨다. 분노, 두려움, 죄책감 등 주로 내가 싫어하는 감정들이다. 나는 한 발로 부정적 감정, 직관, 통찰을 밀쳐 내면서 다른 한 발로는 케케묵은 합리화로 종종걸음친다.

지난여름 나는 한 인종차별주의자한테 이렇게 말해 주고 싶었다. "진정하지 않으면 당신을 질식시켜 내 크리스마스트리에 장식물로 걸어 놓겠어." 대신 나는 혼자서 이렇게 논리를 폈다. "이 덜 깨인 형제를 하나님이 내 삶 속에 인도하신 거야. 저 사람의 비위 상하는 태도는 분명 어린 시절의 상처 때문이야. 아무리 어떻다 해도 난 저 사람을 사랑해야 돼." (사랑한다는 데 누가 뭐라 하겠는가? 인종차별주의자가 흑인을 미워한다면 나는 인종차별주의자를 미워한다. 무엇이 다르단 말인가?) 그러나 분명한 사실은 내가 나의 감정을 회피한 것이다. 나는 경건한 허위로 감정을 예쁘게 덧칠했고 육체 없는 영혼처럼 반응했으며, 그리하여 내 참 자아를 소외시켰다.

친구가 "난 이제 자네가 싫어졌네. 자네는 내 말을 전혀 듣지 않고 늘 내게 열등감이 들게 하거든"이라고 말해도 나는 슬퍼하지 않는다. 마음의 고통과 슬픔과 버림받았다는 느낌에서 재빨리 돌아서 "하나님이 날 이렇게 시험하시는 거야"라고 결론짓는다. 돈이 떨어져 불안해질 때도 나는 자신을 일깨운다. "예수님은 내일 일을 염려하지 말라고 하셨다. 그분은 이 작은 역경을 통해 내 속이 정말 어떤지 알아보시려는 것이다."

가면 쓴 자아를 선택하고 자신의 참 감정을 부정할 때 우리는 자신의 인간적 한계를 인정하지 않는 것이다. 우리의 감정은 결국 옹이처럼 굳어진다. 사람들과 삶의 상황에 대한 반응도 억압되어 상투적·인위적이 된다. 이런 영화는 천의 얼굴을 입고 찾아오지만 정당하거나 건강한 것은 하나도 없다. 그것은 내면의 자아를 숨막히게 하는 위장이다.

―――

루이지애나 컬럼비아(인구 900명)의 작은 마을에서 자랄 때 소녀 로즐린이 토요일마다 함께 논 친구는 흑인 가정부 올리의 딸인 버타 비라는 이름의 또 다른 소녀였다. 둘은 함께 인형놀이도 하고 호숫가에서 찰흙빵도 만들고 과자도 먹고 스페인 성채도 쌓으며 삶을 나누었다. 어느 토요일 버타 비는 나오지 않았다. 그리고 끝내 다시 오지 않았다. 로즐린은 친구가 아프거나 다쳤거나 죽은 것이 아님을 알았다. 그렇다면 올리가 말해 줬을 것이다. 그래서 아홉 살의 로즐린은 아버지한테 왜 버타 비가 더 이상 놀러 오지 않는지 물었다. 아버지의 대답을 로즐린은 영영 잊지 못했다. "이대로 더는 보기에 안 좋다." 아이가 내보이는 얼굴은 자신의 본래 얼굴이다. 세상을 내다보는 아이의 눈은 흑인-백인, 가톨릭 교인-개신교인, 아시아계-라틴계, 동성애자-이성애자, 자본주의자-사회주의자

따위의 꼬리표를 보는 사팔뜨기가 아니다. 꼬리표는 인상을 만들어 낸다. 이 사람은 부자고 저 사람은 영세민 보조금을 받아 산다. 이 남자는 똑똑하고 저 남자는 바보다. 이 여자는 예쁘고 저 여자는 촌스럽다.

인상은 이미지를 만들어 내고, 이미지는 고정관념이 되고, 고정관념은 다시 편견을 낳는다. 앤서니 드멜로(Anthony DeMello)는 "편견에 사로잡힌 사람은 그 편견의 눈으로 사람을 본다. 다시 말해 상대가 더 이상 한 인간으로 보이지 않는다"고 말했다.[10] 내면의 바리새인은 자신에게든 타인에게든 꼬리표에 반응하느라 시간을 다 보낸다.

어떤 남자가 신부를 찾아가 부탁했다고 한다. "신부님, 제 개를 위해 미사를 올려 주십시오."

신부는 화내며 말했다. "개를 위해 미사를 올리다니 무슨 소릴 하는 거요?"

그러자 남자가 말했다. "제 애완용 개입니다. 저는 이 개를 사랑했습니다. 신부님이 제 개를 위해 미사를 올려 주셨으면 합니다."

"우리 가톨릭교에 개를 위한 미사란 없습니다. 저 길 아래 다른 교파에 가서 알아보시오. 그런 예배가 있는지 물어보시오." 신부는 말했다.

남자는 떠나면서 신부한테 말했다. "저는 이 개를 정말 사랑했습니다. 미사를 올려 주시면 사례로 1백만 달러를 드리려고 했습니다."

그러자 신부가 말했다. "잠깐만요. 그 개가 가톨릭 신자라는 말은 안 했지 않소."

그때에 제자들이 예수께 나아와 이르되 천국에서는 누가 크니이까. 예수께서 한 어린아이를 불러 그들 가운데 세우시고 이르시되 진실로 너희에게 이르노니 너희가 돌이켜 어린아이들과 같이 되지 아니하면 결단코 천국에 들어가지 못하리라. 그러므로 누구든지 이 어린아이와 같이 자기를 낮추는 사람이 천국에서 큰 자니라(마 18:1-4).

남보다 한발 앞서려는 경쟁심에서 제자들은 저마다 크고 중요한 인물이 되려는 욕구에 사로잡힌다. 그들은 대단한 사람이 되고 싶어 한다. 존 쉐아(John Shea)에 따르면 "이런 야망이 표면에 떠오를 때마다 예수님은 어린아이를 가운데 두시거나 어린아이에 대해 말씀하신다."[11]

우리는 마태복음 18장에 나오는 예수님의 예리한 답변의 진의를 놓칠 때가 많다. 예수님은 하나님 나라에 '첫째'란 없다고 말씀하신다. 첫째가 되려면 모든 사람의 종이 되어라. 어린아이의 모습으로 돌아가라. 그러면 첫째 자리에 걸맞게 될 것이다. 예수님은 야망의 여지를 거의 남겨 두시지 않는다. 권력 행사의 여지는 전혀 남겨 두시지 않는다. "종과 어린아이는 권력을 가진 자가 아니다."[12]

규모가 크든 작든 바리새인들이 벌이는 파워게임은 사람들과 상황을 지배하여 자신의 특권과 영향력과 명성을 높이는 쪽으로 나간다. 실타래처럼 엉킨 조작과 통제와 수동적 공격은 모두 권력의 핵심에서 비롯된다. 삶은 교활한 술수와 역공의 연속이다. 내면의 바리새인은 자신의 권위의 자리를 조금이라도 위협하는 인간이나 상황의 음파를 모두 수신할 수 있는 정교한 레이더 체계를 개발해 냈다.

유아기와 아동기에 겪었던 권력 결손을 보충하기 위한 정서적 장치, 그것을 내 친구는 '성인 아기 신드롬'이라 부른다. 성인 아기는 지위의 상징물에 집착하게 된다. 지위의 상징물이란 물질적 소유일 수도 있고 정치·경제적 권력으로 사람을 거느리는 것일 수도 있다. 그것이 동기가 되어 사람들은 권력의 출처로 돈을 축적하거나 '재미있는' 사람으로 인정받는 수단으로 지식을 획득할 수 있다. 종교계에서는 지식이 곧 권력일 수 있음을 바리새인은 잘 안다. 먼저 전문가의 자문을 거쳐야만 매사에 결정적 판단을 내릴 수 있지 않은가. 이렇게 저마다 한발 앞서려는 게임은 의견 교환을 봉쇄하고 라이벌 의식과 경쟁심을 불러들인다. 자기를 의식하지 않는 어린아이의 모습과 정반대 상태다. 앤서니 드멜로는 이렇게 설명했다. "어린아이의 눈을 들여다볼 때 맨 처음 와 닿은 특성은 순수함이다. 도무지 거짓말하거나 가면을 쓰거나 연극할 줄 모르는 사랑스런 모습이다."[13]

바리새인의 권력의 책략은 매번 뻔하다. 그러나 권력의 의지는 미묘하다. 눈에 띄지 않을 수 있고 따라서 제지당하지 않을 수 있다. 성공리에 권력을 장악하고 제자들을 끌어 모으고 지식을 획득하고 지위와 특권을 얻어 내고 자기 세계를 통제하는 잡식성 바리새인은 내면의 아이와 거리가 멀다. 바리새인은 부하에게 바통이 넘어가면 두려워한다. 부정적 평가를 받으면 냉소적이 된다. 위협을 느끼면 편집증을 보인다. 불안하면 안절부절못한다. 제지당하면 신경질적으로 반응한다. 패배하면 제정신을 잃는다. 파워게임에 붙들린 거짓 자아는 공허한 삶을 살아간다. 겉으로는 성공의 증거가 꽤 보이지만 속으로는 황폐하고 매정하고

불안에 찌들어 있다. 성인 아기는 하나님의 지배를 받는 것이 아니라 하나님을 지배하려 든다.[14]

참 자아는 핵심 정체감을 끝까지 잃지 않고 주변 사람들의 위협과 타협의 시도를 한사코 거부함으로써 어린아이 같은 순수함을 지킬 수 있다. 참 자아를 위협하는 자들은 "삶을 살아가는 것이 아니라 박수와 칭찬을 얻어 내는 데 급급하다. 행복하게 자기다워지는 것이 아니라 노이로제에 걸린 듯 비교하고 경쟁한다. 성공과 명예라는 부질없는 것들에 매달린다. 이웃을 짓밟고 모욕하고 파괴함으로써만 그것들을 얻을 수 있다 해도 그들은 그렇게 한다."[15]

내면의 자아를 만나는 일의 중요성에 예리한 통찰을 던져 준 사람으로 존 브래드쇼를 빼놓을 수 없다. 성취는 굉장하지만 야박할 대로 야박해지고 감수성마저 지쳐 버린 이 시대에 어린아이의 재발견은 놀라운 개념이다. 윌리엄 맥나마라(William McNamara)가 지적한 대로, 그것은 "버릇없이 자라지 않은 아이들, 신성시되지 않는 성도들, 출중할 것 없는 현인들, 일자리가 없는 어릿광대들만이 누릴 수 있는" 것이다.[16]

어린아이의 모습을 되찾지 않는 한 우리는 내면에 자아의식을 가질 수 없고, 그리하여 점차 거짓 자아가 진짜 우리처럼 되어 버린다. 심리학자들과 영성작가들은 내면의 아이를 최대한 잘 알아서 자신의 사랑스럽고 소중한 일부로 끌어안는 것이 중요함을 강조하고 있다. 어린아이의 긍정적 특성—열린 마음, 믿고 의지하는 태도, 쾌활함, 단순성, 감정에 민감함—이 있을 때 우리는 참신한 아이디어, 비영리적 헌신, 예기치 못한 성령의 역사, 모험적 성장의 기회 등에 마음을 닫아걸지 않을 수 있다. 어린아이처럼 자기를 의식하지 않는 사람은 병적인 성찰, 끝없는 자기분석, 영적 완벽주의의 파멸적 자아도취에 빠지지 않는다.

그러나 우리는 내면의 아이로 귀향하는 데서 멈출 수 없다. 제프리 임배치의 말처럼 "무엇보다 내면의 아이가 우리 내면의 전부라면 우리는 여전히 외롭게 소외된 존재다. 우리가 되찾는 것이 온통 우리 자신뿐이라면 궁극적 친밀함은 있을 수 없다."[17] 신앙 여정에서 내면의 아이를 찾을 때 우리는 순수함도 발견하지만 동시에 진 길(Jean Gill)이 말한 "음지의 아이"도 만나게 된다.[18] 우리 내면의 음지의 아이는 훈련되지 않아 위험하고 자기중심적인데다 고집이 세며 강아지나 다른 아이를 해칠 수 있을 만큼 짓궂다. 이런 곱지 않은 특성에 우리는 '유치하다'는 딱지를 붙여 부정하거나 의식 밖으로 몰아낸다.

내가 만난 내 유년의 음지는 다분히 두려움에 차 있었다. 나는 부모님과 교회와 캄캄한 어둠과 내 자신이 두려웠다. 앤 타일러(Anne Tyler)는 「날기를 잊어버린 남자」(Saint Maybe)라는 소설에서 대리부친 이언 베들로를 이렇게 옹호한다. "이 아이들의 기분이 어떻고 깨어 있는 매 순간 얼마나 두려운지 오직 이언만이 알고 있는 듯했다. 어린아이로 산다는 것은 그 자체가 두려운 일 아니던가! 흔히 어른들의 악몽에 나타나는 것도 바로 그것 아닌가. 아무리 뛰어도 제자리일 뿐인 악몽, 준비도 없이 시험을 치르거나 연습도 없이 연극해야 하는 악몽. 무력감. 아웃사이더가 된 기분. 나만 빼고 모두 알고 있는 일을 가지고 나를 향해 두런거리는 소리."[19]

우리 내면의 아이는 그 자체가 목표가 아니라 내주하시는 하나님과 깊은 연합에 들어서는 길이다. 온전한 아바 체험에 잠기는, 곧 내 내면의 아이가 양지에서나 음지에서나 그분께 꼭 끌어안긴 아바의 자녀라는 사실을 생생히 인식하는 길이다.

프레드릭 뷰크너의 말을 생각해 보라.

하나님은 우리를 자녀로 사랑하신다. 우리가 사랑받을 자격이 있어서나 자격이 없음에도 불구하고가 아니라, 우리가 노력해서나 그 노력이 부질없음을 깨달아서가 아니라, 단순히 그분이 사랑하기로 정하셨기에 사랑하신다. 어쩌면 그것을 아는 순간 비로소 우리는 자녀다. 우리가 자녀인 것은 그분이 우리 아버지시기 때문이다. 그러므로 선을 행하고 진실을 말하고 상대를 이해하려는 우리의 모든 노력은 결실 여부를 떠나 바로 자녀의 노력이다. 우리가 그분을 사랑하기 전부터 그분은 우리 주 예수 그리스도를 통해 우리를 자녀로 사랑하셨다. 그런래서 우리가 아무리 조숙할지라도 여전히 우리는 자녀다.[20]

Present Risenness 6
현존하는 부활

런던의 한 길모퉁이에 서 있는 G. K. 체스터튼(Chesterton)에게 한 신문 기자가 다가왔다. "선생님, 최근에 그리스도인이 되셨다고 들었습니다. 한 가지만 물어봐도 되겠습니까?"

"물론이오." 체스터튼이 대답했다.

"부활한 그리스도가 이 순간 갑자기 나타나 선생님 뒤에 선다면 어떻게 하시겠습니까?"

체스터튼은 기자의 눈을 똑바로 쳐다보며 말했다. "이미 서 계십니다."

이것은 단지 수사적 표현, 희망사항, 종교적 어법일 뿐인가? 아니다. 이 진리야말로 우리 인생의 가장 리얼한 사실이다. 우리의 삶 자체다. 유대와 갈릴리 길을 걸으신 예수님이 지금 우리 곁에 서 계신 분이다. 역사 속의 그리스도가 곧 신앙 속의 그리스도시다.

성경신학이 부활을 강조하는 것은 단순히 변증을 위해서가 아니다. 즉 부활은 기독교 진리의 **출중한** 증거 차원에 머물지 않는다. 믿음이란 복음의 메시지를 받아들이되 우리를 하나님의 형상과 모양대로 다시 빚는 **능력**으로 받아들인다는 뜻이다. 복음은 죽음을 이기신 예수님의 능력을 통해 듣는 이들을 다시 빚는다. 복음은 이 세상의 숨은 능력―부활하여 살아 계신 그리스도의 실존―을 선포한다. 복음은 인간 내면의 하나님의 형상과 모양을 흐려 놓는 속박에서 우리를 해방시킨다.

예수님의 가르침에 능력을 주는 것은 무엇인가? 무엇이 그것을 코란, 부처의 가르침, 공자의 지혜와 구별되게 하는가? 바로 **부활하신 그리스도**다. 예컨대 예수님이 부활하시지 않았다면 우리는 얼마든지 산상수훈을 뛰어난 윤리로 칭송할 수 있다. 그러나 그분이 부활하셨다면 그런 칭송은 중요하지 않다. 산상수훈은 우리의 궁극적 운명의 그림이 된다. 인간을 변화시키는 말씀의 능력이 부활하신 주님 안에 있다. 그분은 말씀 옆에 서 계시며 그리하여 말씀에 현재적·궁극적 의미를 부여하신다.

다시 말한다. 복음의 역동적 능력은 부활에서 나온다. 신약성경 기자들이 늘 되풀이한 말이다. "내가 그리스도와 그 부활의 권능……을 알고자 하여"(빌 3:10).

예수님의 정체가 정말 본인의 주장대로임을 믿음으로 온전히 받아들일 때 우리는 부활하신 그리스도를 체험한다.

하나님은 예수님을 다시 살리셨다. 그것이 사도들의 증거요 사도들의 가르침의 핵심이다. 성경이 남겨 둔 길은 두 가지뿐이다. 우리는 부활을 믿어 나사렛 예수를 믿을 수도 있고 부활을 믿지 않아 나사렛 예수를 믿지 않을 수도 있다.

내 경우 기독교 신앙의 가장 근본적 요구는 용기를 동원해 예수 그리스도의 **현존하는 부활**에 "예" 하는 것이다. 나는 그리스도인이 된 지 38년이 넘었다. 길고 단조로운 삶의 일상에서 첫 열정이 식는 것도 보았다. 기독교의 삶이 산꼭대기보다 골짜기에서 이루어질 때가 더 많다는 것,

믿음이란 회의가 없는 상태가 아니라는 것, 하나님이 창조와 역사를 통해 자신을 계시하셨음에도 불구하고 하나님을 아는 가장 확실한 길은 토마스 아퀴나스(Thomas Aquinas)의 말대로 철저히 미지의 세계라는 것, 그런 것을 알 만큼 나는 오래 살았다. 인간의 어떤 생각도 그분을 품을 수 없다. 어떤 단어도 그분을 형언할 수 없다. 그분은 우리가 알거나 상상할 수 있는 모든 것을 초월하신다.

예수님의 현존하는 부활로 구체화된 충만한 신성에 대한 나의 "예"는 아주 개인적인 것이라 그만큼 무섭다. 처량하게 버림받았을 때, 지난해 아버지의 죽음 앞에 섰을 때, 외롭고 두려울 때, 내 안에 거하는 바리새인을 느낄 때, 거짓 자아가 장난질할 때, 이런 상황에서 "예"란 가볍게 여기거나 함부로 말해서는 안 될 용감한 단어다.

이 "예"는 믿음의 행위다. 내 곁에, 내 앞에, 내 주위에, 내 안에 현존하는 부활하신 예수님께 대한 내 전 존재의 단호하고 전폭적인 반응이다. 예수님을 믿는 내 믿음이 죽음 앞에서만 아니라 나 자신의 악에서 비롯된 더 나쁜 위협 앞에서도 안전을 가져다준다는 확신의 외침이다. 그리고 한 번의 고백으로 끝날 것이 아니라 변화무쌍한 인생 속에서 수없이 계속 반복되어야 할 단어다.

부활하신 그리스도를 알 때 무의미, 곧 모든 인생 경험이 서로 단절되고 헛된 것이라는 섬뜩한 의식이 사라지고 전에 몰랐던 설계가 드러나면서 인생이 비로소 통째로 이어져 보이기 시작한다. 우리는 예수님의 현존하는 부활의 그런 힌트를 삶 속에서 보고 있는가?

예수님의 부활은 과거의 역사적 사건 이상의 것으로 체험되어야 한다. 그렇지 않으면 "현재에 미치는 영향력을 잃고 만다."[1] 성공회 신학자 H. A. 윌리엄스(Williams)는 「참된 부활」(*True Resurrection*)이라는 책에 이렇게 썼다. "평소에 부활이 우리에게 별 의미가 없는 것이 그 때문이다. 부활은 현실과 분리된 머나먼 이야기다. 대다수 사람들에게 부활이 전혀 무의미한 것도 그 때문이다.……현재의 체험으로 뒷받침되지 않는 믿음에는 누구나 회의가 들게 마련이다."[2]

반면 그리스도의 부활이 우리의 부활의 보증이며 언젠가 우리도 영광 중에 그분과 함께 다스릴 것이라는 불타는 희망으로 기독교 신앙의 핵심적 구원행위를 미래로 내몬다면, 부활하신 주님은 보기 좋게 현재에서 밀려나고 만다. 부활을 과거나 미래로 국한시키면 예수님의 현존하는 부활은 다분히 현실과 무관해진다. 우리는 매일의 일상생활에 간섭받을 일이 없어지며, 살아 계신 인격이신 예수님과 지금 나누는 교제도 없어진다.

다시 말해 부활이란 어디까지나 현존하는 부활로 체험되어야 한다. "내가 세상 끝 날까지 너희와 항상 함께 있으리라"(마 28:20) 하신 부활하신 주님의 말씀을 진지하게 받아들인다면, 우리는 그분이 내 삶 속에 적극적으로 현존하실 것을 마땅히 기대해야 한다. 우리 믿음이 살아 있어 빛을 발한다면 부활의 능력이 내 삶 속에 나타나는 순간과 사건과 경우를 놓치지 않게 되어 있다. 자신에 취해 부주의하기 때문에 우리는 내 관심을 끌려고 하시는 예수님의 미묘한 방식을 알아보지 못한다.

윌리엄 배리(William Barry)는 "우리의 경험에 미치는 다른 모든 영향력들로부터 하나님의 손길 또는 피터 버거(Peter Berger)가 말한 **천사들의 루머**를 식별해 내기 위해서는 삶의 경험에 관심을 기울이는 법을 배워야 한다"고 말했다.[3] 구체적인 예를 들어 보자.

어느 토요일 밤늦게 나는 사역을 마치고 귀가했다. 자동응답기의 메시지는 짧고 직선적이었다. "프랜시스 브레넌이 죽어 가고 있습니다. 당신을 보고 싶어 합니다."

이튿날 나는 비행기로 시카고로 가 다시 택시를 타고 인디애나 샌 피에르로 달려가서 밤 9시쯤 작은 마리아회 양로원에 도착했다. 4층에 올라가 야간조 간호사에게 브레넌 여사가 아직 옛날 방에 있느냐고 물었다. 간호사는 "네, 복도로 쭉 가시면 422호실에 계십니다"라고 대답했다.

지난 40년간 내 두 번째 어머니가 되어 준 분이 91세의 연세로 침대에 누워 있고 한 수녀가 곁에 앉아 나직이 기도하고 있었다. 나는 1960년 어머니의 성(姓) 브레넌으로 내 이름을 법적으로 개명했다. 수녀가 말했다. "당신을 기다리고 계셨어요."

나는 침대 위로 몸을 숙여 어머니의 이마에 입맞춤하고는 "엄마, 사랑해요"라고 말했다. 어머니는 오른손을 뻗어 자기 입술을 가리켜 보였다. 처음에는 잘 몰랐으나 나는 곧 어머니가 원하는 것을 알아차렸다. 30킬로그램의 약한 몸에 남은 달랑달랑한 기력으로 어머니는 입술을 오므렸다. 우리는 세 번이나 입맞춤했다. 그러자 어머니가 웃어 보였다. 어머니는 몇 시간 후 돌아가셨다.

나는 장례 절차를 밟기 위해 무거운 마음으로 친구들과 함께 시카고로 돌아왔다. 거처는 장의사 집에 가까운 한 모텔로 정했다. 현관에서 숙박수속을 밟은 후 승강기를 타고 4층으로 올라갔다. 복도를 지나면서 열쇠를 흘끗 보고는 문에 찔러 넣었다. 422호실이었다.

나는 깜짝 놀라 가방을 바닥에 떨어뜨리고 소파에 주저앉았다. 모텔에는 방이 161개나 있었다. 순전히 우연일까? 그때 영혼 깊숙이 울리는 종소리처럼 내 안에 이런 소리가 들려왔다. "왜 산 자를 죽은 자 가운데 찾느냐?" 바깥을 보니 한 조각 구름이 비켜서면서 창으로 햇살이 쏟아져 들어왔다. 내 얼굴에 환히 웃음이 피어났다. "엄마, 엄마는 살아 계십니다! 집에 가신 것을 축하해요!"

존 쉐아의 말처럼 이생과 내생의 경계는 많은 이들의 생각보다 더 투과성이 있는지도 모른다. "신호들이 있다. 사람들은 평범한 일과 비범한 일 속에서 신호를 발견한다. 물론 논란과 반박의 여지가 있다. 그러나 신호가 그것을 받아들이는 자들에게 미치는 영향만은 인정할 수밖에 없다. 서로를 향해 '그래서 당신은 죽지 않아요'라고 말하는 우리의 사랑은 사실무근한 것이 아니다."[4]

내 안의 회의론자는 "브레넌, 허풍 좀 작작 떨어라"고 속삭인다. 내 부활신앙은 천사들의 루머를 듣는다. 내 눈에는 부활하신 주님이 발표하신 햇빛 찬란한 성명서가 보인다. 성 어거스틴은 그 주님은 나보다도 나와 더 친하다고 말했다.

프레드릭 뷰크너가 고백한 두 가지 체험은 천사의 속삭임일 수도 있고 아무런 속삭임도 아닐 수 있다. 그는 판단을 독자의 몫으로 남긴다.

하나는 뜻밖의 시간에 내가 공항의 한 술집에 있을 때 일어난 일이다. 나는 비행기 타는 것이 싫다. 그나마 한잔 마셔 두면 비행기에 오르기가 한결 쉽다. 그래서 그곳에 갔다. 안에는 아무도 없었다. 기다란 바에 의자가 즐비하게 늘어서 있었다. 다른 의자들과 마찬가지로 내가 앉은 의자 앞에도 오늘의 칵테일이 적힌 작은 메뉴판이 놓여 있었다. 메뉴판 꼭대기에 뭔가 달려 있었다. 알고 보니 넥타이핀이었는데 핀에는 C.F.B.라는 이니셜이 새겨져 있었다. 내 이름 이니셜이었다. 나는 소스라치게 놀랐다. 그냥 B만 있었다면 웃고 말았을 것이다. F.B.까지 있었다면 대단하다 싶었을 것이다. 그러나 순서까지 똑같이 C.F.B.라니. 그것이 우연일 수 있는 확률은 그야말로 천문학적 수치일 것이다. 그것이 내게 준 의미, 아니 내가 믿기로 작정한 의미는 이런 것이다. "이 순간 너는 바른 길, 바른 곳에서 바른 일을 하고 있다." 얼마나 뚱딴지 같고 시시한 일인가. 하지만 함부로 쉽게 말할 게 아니다.

또 하나는 최근에 죽은 친구를 꿈에 본 일이다. 전혀 꿈같지 않은 꿈이었다. 친구는 그저 방 안에 서 있었다. "정말 반갑군. 보고 싶었는데" 하는 내 말에 그는 "그럼, 나도 알지"라고 말했다. 내가 "자네 정말 거기 있는 건가?" 묻자 친구는 "물론 있고 말고" 했다. "증명할 수 있나?" 했더니 "물론 증명할 수 있지" 그랬다. 그러더니 짤막한 파란색 끈을 던졌다. 나는 끈을 잡았다. 너무 생시 같아 잠이 깼다. 이튿날 아침식사 자리에서 내 아내와 꿈속에 나타난 친구의 아내에게 꿈 얘기를 했더니 아내가 "세상에, 오늘 아침 양탄자 위에서 그 끈을 봤어요"라고 말했다. 분명 전날 밤에는 없던 것이었다. 급히 달려가 보니 짤막한 파란색 끈이

놓여 있었다. 이 일 역시 우연에 지나지 않을 수 있다. 하지만 어쩌면 육체의 부활에 대한 우리의 얘기가 정말 사실임을 보여 주는 작은 힌트일 수도 있다!⁵

수년 전 나는 켈트 역사를 읽다가 중세 아일랜드 교회의 생생한 신앙관에 크게 놀란 일이 있다. 자기 고양이가 얕은 물에서 헤엄치는 연어를 잡는 것을 보며 한 젊은 아일랜드인 수사는 "고양이 발에 주님의 능력이 임했다"고 소리쳤다. 대서양을 항해하다 길 잃은 수사들이 서쪽 군도에서 자기네 배가 파도에 떠밀려 요동할 때마다 하나님의 천사들을 보고 그들의 노랫소리를 들었다는 기록이 역사에 적혀 있다. 과학적인 사람에게는 한낱 갈매기와 가마우지와 바다오리 따위에 지나지 않는 것들이었다. "그러나 수사들은 모든 것이 자신들에게 들려주시는 하나님의 말씀인 세계에 살았다. 나그네 인생의 평범한 일, 우발적 징후, 밤의 언어도 하나님의 애정이 깃들인 세계였다."⁶

예수의 아버지께서 하늘에서 떨어지는 모든 참새와 우리 머리에서 떨어지는 모든 머리카락을 살피시는 분일진대, 방 열쇠와 넥타이핀의 이니셜과 실 조각으로 장난을 좀 치신다고 해서 부활하신 아들답지 못한 일은 아닐 것이다.

―――

예수님의 현존하는 부활에 대한 믿음은 일상생활의 사소한 일과들을 송두리째 바꿔 놓는다.

앞뒤가 맞게 뜻을 밝히기 위해 우선 오순절의 의미부터 생각해야 한다. 오순절은 성령을 기리는 절기가 아니다. 오순절은 그리스도의 절기다. 유대인 나사렛 예수와 관계된 절기다.[7] 오순절은 교회에 임한 부활의 절기요 예수 그리스도의 부활의 능력과 영광이 교회 바깥에 전해진 절기다.

요한은 예수께서 아직 지상에 계실 때는 "예수께서 아직 영광을 받지 않으셨으므로 성령이 아직 그들에게 계시지 아니하시더라"고 말했다(요 7:39). 그의 복음서 다른 곳에 이런 말씀도 있다. "내가 떠나가는 것이 너희에게 유익이라. 내가 떠나가지 아니하면 보혜사가 너희에게로 오시지 아니할 것이요 가면 내가 그를 너희에게로 보내리니"(16:7). 그래서 바울은 "마지막 아담은 살려 주는 영이 되었나니"라고 말했다(고전 15:45).

요한복음에 보면 성령을 선물로 주시는 장면이 부활절 후 50일째가 아닌 부활 당일에 이루어진다. 그러므로 성령은 그리스도 예수의 부활절 선물이다.[8] "이날 곧 안식 후 첫날 저녁 때에……예수께서 오사 가운데 서서 이르시되 너희에게 평강이 있을지어다.……이 말씀을 하시고 그들을 향하사 숨을 내쉬며 이르시되 성령을 받으라. 너희가 누구의 죄든지 사하면 사하여질 것이요 누구의 죄든지 그대로 두면 그대로 있으리라 하시니라"(요 20:19, 22-23).

초기에 기록된 고린도후서 3:17에는 부활하신 예수님 자신이 프뉴마(*pneuma*), 곧 성령으로 불리고 있다. "주는 영〔성령〕이시니 주의 영이 계신 곳에는 자유가 있느니라."

바울의 부활신앙이 사도들의 증거에만 아니라 예수님의 현존하는 부활에 대한 직접적 체험(행 9장)에 근거한 것임을 잊지 말라. 기독교는 단순한 메시지가 아니라 믿음의 체험이 메시지가 된 것이다. 그 메시지는 희망, 속박에서의 자유, 새로운 가능성의 세계를 명백히 제시하고 있다. 유명한 공산주의 철학자 로제 가로디(Roger Garaudy)는 나사렛 예수에 대해 이렇게 말한 바 있다. "나는 이 사람에 대해 아는 것이 많지 않다. 그러나 분명히 아는 것은 그의 전 생애가 '인간이란 누구나 언제든 새로운 미래를 시작할 수 있다'는 이 한 가지 메시지를 전한다는 것이다."[9]

'살려 주는 영'이신 예수님의 현존하는 부활은 곧 내가 무슨 일이든 감당할 수 있다는 뜻이다. 이제 나는 내 힘으로 살지 않는다. "우리에게 베푸신 [성령의] 능력의 지극히 크심이 어떠한 것을 너희로 알게 하시기를 구하노라"(엡 1:19). 내 제한된 자원이 아니라 부활하신 그리스도의 무한한 능력을 의지할 때 나는 거짓 자아와 바리새인은 물론 다가오는 죽음까지도 거뜬히 제압할 수 있다. "[하나님이] 모든 원수를 그 발 아래 둘 때까지 [그리스도가] 반드시 왕 노릇하시리니 맨 나중에 멸망받을 원수는 사망이니라"(고전 15:25-26).

우리의 소망은 현존하는 부활에 대한 의식적 자각과 떼려야 뗄 수 없이 연결되어 있다. 어느 이른 아침 글을 쓰던 중 까닭 모를 우울이 내 영혼에 밀려왔다. 나는 글쓰기를 멈추고 자리에 앉아 원고의 앞부분을 읽었다. 너무 한심해 집필을 전부 포기할까 생각했다. 자동차 브레이크 장치나 갈려고 외출했다. 정비소는 휴무였다. 그래서 운동을 하기로 했다. 둑길을 2마일쯤 뛰고 나자 강풍이 몰아치면서 폭우가 쏟아졌다. 바람이 어찌나 무시무시한지 나는 미시시피 강으로 날려 갈 뻔했다. 웃자란 풀밭에 앉았다. 못박힌 주님의 손을 붙잡는 것이 아득히 멀게만 느껴졌다.

흠뻑 젖어 벌벌 떨면서 사무실에 돌아오자 로즐린한테서 전화가 왔다. 나를 갈등에 빠뜨리는 용건이었다. 좌절, 분노, 적의, 두려움, 자기연민, 우울 등 내 감정들이 미친 듯 날뛰고 있었다. "내 감정은 내가 아니다"라고 자신을 달래 보았다. 전혀 나아지지 않았다. '다 지나가는 일이겠지'라는 생각도 해보았다. 지나가지 않았다.

그날 저녁 6시에 나는 심신이 지칠 대로 지쳐 소파에 털썩 주저앉았다. 예수 기도(Jesus prayer)를 시작했다. "주 예수 그리스도여, 이 죄인을 불쌍히 여겨 주소서." 주님의 살려 주시는 영을 구했다. 느리지만 느껴질 만하게 그분의 성스러운 임재가 되살아났다. 외로움은 계속됐지만 누그러졌고, 슬픔도 여전했지만 가벼워졌다. 분노와 적의는 사라졌다.

힘든 날, 맞다. 녹초가 되고 이성을 잃은 날, 맞다. 그러나 감당 못할 날은, 아니다.

부활하신 주님의 살려 주시는 영은 그와 같은 날 어떻게 나타나실까? 견고히 서려는 우리의 각오로 찾아오신다. 현실을 등지고 자멸행위로 도피하고 싶은 욕구를 물리치는 모습으로 임하신다. 부활의 능력이 있기에 우리는 길들여지지 않은 감정과의 사나운 대면에 임할 수 있고, 아무리 살을 에는 고통도 수용하고 받아들여 품을 수 있다. 그 과정에서 우리는 자신이 혼자가 아님을 발견한다. 자신이 현존하는 부활의 인식

속에 견고히 설 수 있고 그리하여 더 온전하고 깊고 풍성한 제자가 될 수 있음을 깨닫는다. 자신이 평소 생각했던 것 이상의 존재가 될 수 있음을 우리는 안다. 그 과정에서 우리는 견뎌 낼 뿐 아니라 자신이 생각한 참 자아의 반경을 넓히지 않을 수 없다.

"이 비밀은 너희 안에 계신 그리스도시니 곧 영광의 소망이니라"(골 1:27). 커다란 시련을 회피하면 커다란 과제가 해결되지 않은 채 남아서 커다란 영혼으로 성장할 가능성이 사라진다는 것을, 소망은 안다. 비관주의와 패배주의는 절대 살려 주는 영의 열매가 아니라 오히려 현존하는 부활의식이 없다는 증거다.

전화 한 통화가 우리 삶의 고요한 리듬을 순식간에 뒤바꿔 놓을 수 있다. "선생님의 부인이 고속도로에서 심한 교통사고를 당했습니다. 지금 중태에 빠져 병원 중환자실에 있습니다." 혹은 "이런 비보를 전하는 것이 저도 싫지만 댁의 아들이 코카인 밀매로 체포됐습니다." 혹은 "당신의 세 살 된 딸이 우리 딸아이와 연못가에서 놀고 있었어요. 잠깐 눈을 뗀 사이에 그만 당신의 딸이……."

달갑지 않은 비극이 찾아와 내 고통의 비명소리 외에는 아무것도 들리지 않을 때, 용기라곤 남김없이 사라지고 세상이 적의와 위협의 장소로 비칠 때, 그때는 나만의 겟세마네의 시간이다. 어떤 말도 위로나 위안이 될 수 없다. 아무리 진실한 말이라도 그렇다. 험한 밤이다. 생각은 마비되고 가슴은 텅 비고 정신은 멍멍해진다. 이 밤을 어떻게 지날 것인가? 내 외로운 여정의 하나님은 말이 없다.

그러나 합리적 설명을 초월하는 인간 실존의 가장 참담한 시련 속에서 우리는 내 손을 붙들고 계신 못박힌 손을 느끼게 될 수도 있다. 1943년 11월 30일 아우슈비츠에서 죽은 네덜란드계 유대인 에티 힐레섬(Etty Hillesum)의 말처럼 우리는 "우리 안에 계신 하나님의 작은 조각만을 지킬 수 있다."[10] 그리하여 절망에 빠지지 않을 수 있다. 우리는 밤을 지난다. 어둠은 아침 햇살에 자리를 내준다. 비극은 우리 인생의 방향을 송두리째 바꿔 놓는다. 그러나 연약하고 무력한 상태에서 우리는 예수님의 현존하는 부활의 능력을 맛본다.

현존하는 부활은 삶의 수수께끼를 풀어낸다.

앤 타일러의 소설 「날기를 잊어버린 남자」에서 이언 베들로의 어머니는 질서정연한 세상에서 폴리애나처럼 낙천적으로 살아간다. 똑같은 미소를 끝없이 연발하며 그녀는 랜슬롯 기사의 말처럼 사방을 누비고 다닌다. 그러나 맏아들의 돌연사 이후 그녀는 깊은 내면의 시간을 갖는다. 일요일 아침 남편과 함께 '제2의 기회' 교회에서 돌아오던 길에 그녀는 이렇게 말한다.

"우리의 삶은 임시 방편으로 변했어요. 마지못해 사는 하찮은 들러리 신세가 되어 버렸어요. 모든 것을 잃었어요. 그런데도 이렇게 잘살고 있으니 놀랍지 않아요? 계속 옷도 사 입고 배도 고파지고 TV 코미디도 보며 웃고 있잖아요? 맏아들이 죽어 떠났어요. 다시는 그 애를 못 볼 거예요. 우리 삶은 폐허란 말이에요!"

"자, 여보." 남편이 말했다.

아내는 말을 이었다. "우린 보통 이상의 고통을 겪었어요. 그런데 이상하게도 그것 때문에 보통이 되고 말았어요. 그게 정말 이해가 안 가요. 우린 더 이상 특별한 가정이 아니에요."

"여보. 물론 우린 특별해요." 남편이 말했다.

"우리는 불안해졌어요. 매사가 근심뿐이에요."

"여보."

"놀랍지 않아요?"[11]

이 대화 후 그녀는 자신을 추슬러 다시 평소의 밝고 쾌활한 모습을 되찾는다.

삶을 각기 단절된 사건들의 연속으로 대하는 태도는 우리 많은 이들에게 깊이 뿌리박힌 습관이다. 우리는 외부에서 다가오는 경험들과 사건들 속에서 아무런 공통분모를 찾지 못한다. 삶이란 마치 증권시세 하락, 홍수로 불어난 중서부 수위, 뉴욕 테러음모 무산, 암 발병률을 줄이는 최신 비법, 미스아메리카의 옷장 따위를 전하는 아침뉴스처럼 지리멸렬해 보인다. 거창한 정보와 사건과 감정과 경험이 우리를 압도해 수동적 상태로 몰아넣는다. 우리는 상관없는 해프닝의 연속인 삶에 만족하는 것 같다. 방문객들이 들르고, 감정과 생각이 생겨났다 사라지고, 생일과 기념일을 지키고, 질병과 상실이 예고 없이 찾아온다. 서로 상관된 것은 하나도 없어 보인다.

세월이 흐를수록 특히 더 그렇다. 셰익스피어의 표현대로 '한창 피

끓는 시절'에만 해도 삶은 좀 더 생기 있어 보였고, 사건들은 좀 더 의미 있어 보였고, 하루하루의 이상한 자수모양에서 뭔가 무늬가 만들어지는 것 같았다. 그러나 이제는 자신이 좀 더 초연하고 좀 더 '철학적'이 되었다고 생각한다. 우리는 고된 인생학교에서 '상실'을 줄이는 법을 터득한 자신을 대견해 하며 꽤나 너그러운 연민으로 과거를 되돌아본다. 그때는 인생사가 얼마나 단순해 보였던가. 삶의 수수께끼도 얼마나 답이 쉬워 보였던가. 이제 우리는 더 현명해지고 성숙했다. 비로소 인생사를 그 본연의 모습대로 보게 된 것이다.

예수님의 현존하는 부활을 일부러 의식하지 않는 한 삶은 난센스다. 모든 활동은 무의미하고 모든 관계는 허망하다. 부활하신 그리스도를 떠날 때 우리는 불가해한 신비의 극도로 모호한 세상을 사는 것이다. 그곳은 의미 없는 세상, 현상만 뒤바뀌는 세상, 죽음과 위험과 어둠의 세상이다. 말할 수 없이 허무한 세상이다. 서로 연관된 것은 하나도 없다. 가치 있는 일은 하나도 없다. 영원한 일은 하나도 없다. 외관의 이면은 전혀 보이지 않는다. 들리는 소리도 바람 속에 잦아드는 메아리뿐이다. 첫 느낌보다 오래가는 사랑도 없다. 모든 것이 궁극적으로 의미 없는 음향과 분노일 뿐이다.[12]

삶의 난해한 수수께끼는 예수님 안에서 풀린다. 우리에게 벌어지는 모든 일의 의미와 취지와 목표, 그리고 그 모든 것에 의미를 부여하는 길은 친히 길과 진리요 생명 되신 그분한테서만 배울 수 있다.

부활하신 예수님을 의식하며 사는 삶은 권태롭거나 외로운 자들의 시답잖은 추구도 아니고, 그렇다고 삶의 스트레스와 슬픔을 감당케 해

주는 방어기제도 아니다. 그것은 실존의 의미를 깨우치는 문의 열쇠다. 날마다 온종일 우리는 그리스도의 형상으로 다시 빚어지고 있다. 우리에게 벌어지는 모든 일은 그 목표를 위해 마련된 것이다. 존재하는 것 치고 그분의 임재의 반경 밖에 존재하는 것은 하나도 없다("만물이 다 그로 말미암고 그를 위하여 창조되었고"〔골 1:16〕). 그분의 임재와 무관한 것도 없고 그 임재 안에 무의미한 것도 없다.

존재하는 모든 것은 부활하신 그리스도 안에서 살아난다. 체스터튼의 말처럼 그분은 이미 우리 뒤에 서 계신다. 크든 작든 중요하든 사소하든 멀든 가깝든, 모든 일에는 제자리와 제 의미와 제 가치가 있다. 그분과의 연합을 통해서라면(어거스틴의 말처럼, 그분은 나보다도 나와 더 친하신 분이다) 낭비도 없고 빠진 부분도 없다. 영원한 의미가 담기지 않은 순간이란 없다. 열매 없는 행동도 없고, 결실 없는 사랑도 없고, 응답 없는 기도도 없다. "우리가 알거니와 하나님을 사랑하는 자 곧 그의 뜻대로 부르심을 입은 자들에게는 모든 것이 합력하여 선을 이루느니라"(롬 8:28).

예상된 것이든 뜻밖의 것이든 상황과 질병과 오해로 인한, 심지어 자신의 죄로 인한 명백한 좌절도 그리스도와 함께 하나님 안에 감추인 우리 삶의 궁극적 실현을 가로막지는 못한다.

현존하는 부활의식은 직관과 의지, 감정과 이성을 통합시키는 효과를 낳는다. 외관에 덜 집착하기 때문에 우리는 상대와 상황이 바뀔 때마다 인정받고자 가면을 바꿔 쓰는 성향이 줄어든다. 우리는 집에서는 이 사람, 직장에서는 저 사람이 아니다. 교회에서는 이 사람, 운전중에는 딴 사람이 아니다. 방향타 없이 사건들 사이를 오가는 자가 아니다. 하릴없이 만만한 소일거리나 찾고, 감정이라면 무조건 억누르고, 싫증 나거나 짜증스러워도 어쩔 수 없이 참는 자가 아니다. 이제 우리는 상황에 끌려다니는 것이 아니라 상황을 통해 자란다. 상황이 우리를 이용하는 것이 아니라 우리가 상황을 이용한다. 점차 우리는 능력과 에너지가 조화와 통합을 이룬 온전하고 성숙한 사람이 되어 간다.

───

예수께서 "나를 본 자는 아버지를 보았느니라"고 말씀하셨을 때, 듣는 자들은 믿을 수 없는 충격에 빠졌다. 수없이 자주 들은 우리한테 그 말은 충격 효과가 없다. 그러나 그 말 속에는 하나님께 대한 우리의 모든 투사와 거짓 이미지를 뒤엎을 수 있는 위력이 들어 있다. 예수님은 자신이 인류를 향한 아버지의 모든 감정과 태도의 현현임을 인정하셨다. 하나님이란 예수님의 인격 안에 보이는 바로 그 모습이다. 그래서 "예수님은 하나님의 인간 얼굴이다"는 칼 라너(Karl Rahner)의 말이 나온 것이다.

   복음서의 핵심 기적은 나사로를 살리신 일이나 오병이어나 모든 극적인 치유사건을 다 합쳐 놓은 것이 아니다. 복음서의 기적은 지금 이 순간도 우리를 따라오시고 추적하시고 우리 안에 거하시며 친히 우리의 길동무가 되어 주시는, 부활하여 영화롭게 되신 그리스도 자신이다! 시에나의 카타리나(Catherine of Siena)의 표현대로 "사랑에 미치시고 사랑에 취하신" 하나님은 예수님으로 구현되어 우리 안에 거하신다.[13]

바울은 "우리가 다 수건을 벗은 얼굴로 거울을 보는 것같이 주의 영광을 보매 그와 같은 형상으로 변화하여 영광에서 영광에 이르니 곧 주의 영으로 말미암음이니라"고 말했다(고후 3:18). 예루살렘 성경(JB)은 이 말씀에 네 가지 유익한 주를 달아 두었다. 첫째, 수건을 벗었다는 표현은 모세를 염두에 둔 것이다. 둘째, 거울을 본다는 말은 비춰 본다, 묵상한다는 뜻이다. 셋째, 주님의 영광이란 부활하신 예수님의 영광, 그리스도의 얼굴에 있는 영광이다(4:6). 넷째, 그리스도 안에서 하나님을 묵상할 때 그리스도인은 하나님을 닮아 간다(롬 8:29, 요일 3:2).

바울은 자신이 그리스도의 마음을 가졌다고 감히 자랑삼아 말했다(고전 2:16). 그 자랑은 삶으로 뒷받침된다. 회심하던 순간부터 바울의 관심은 온통 부활하신 그리스도께 집중되었다. 바울의 눈앞에서 끊임없이 역사하신 힘과 동력은 예수님 자신이었다(빌 3:21). 바울은 인격이신 예수님의 음성을 알아들을 수 있었다(고후 13:3). 그분은 바울이 약할 때 힘을 주셨고(고후 12:9) 깨우침과 위로를 주셨다(고후 1:4-5). 바울은 거짓 사도들의 중상모략에 노하여 자신이 주 예수께 받은 환상과 계시를 고백했다(고후 12:1). 예수님의 인격은 삶과 죽음의 의미를 밝혀 주었다(골 3:3).

소설 「앵무새 죽이기」(*To Kill a Mockingbird*)에서 주인공 애티커스 핀치는 "상대의 입장이 되어서 그의 눈으로 세상을 보기 전에는 한 사람을 절대 이해할 수 없다"고 말한다. 바울은 자신과 사람들과 세상을 어찌나 철저히 예수님의 눈으로 보았던지 아예 그리스도께서 그의 자아가 되실 정도였다. "그런즉 이제는 내가 사는 것이 아니요 오직 내 안에 그리스도께서 사시는 것이라"(갈 2:20). 알렉산드리아의 디디무스(Didymus of Alexandria)는 "바울은 그리스도로 충만했다"고 말했다.

묵상이란 부활하여 영화롭게 되신 그리스도 안에 드러난 하나님의 영광을 보는 것이다. "묵상기도란 무엇보다 예수님의 인격을 바라보는 것이다."[14] 이렇게 단순히 그분을 의식하며 기도할 때 우리는 어디로도 갈 필요가 없다. 이미 그곳에 와 계시기 때문이다. 단순히 자신이 구하는 바를 이미 소유하고 있다는 의식 속에 들어서기만 하면 된다. 사랑으로 예수님을 바라본다는 의미의 이런 묵상은 친밀함을 낳을 뿐 아니라 묵상하는 자의 인격을 변화시킨다.

나다니엘 호손(Nathaniel Hawthorne)의 유명한 단편소설 「큰바위 얼굴」(The Great Stone Face)에 보면, 한 어린아이가 화강암에 새겨진 얼굴을 바라보며 늘 마을의 관광객들에게 그 얼굴의 주인공이 누구인지 아느냐고 묻는다. 아무도 아는 이가 없다. 어른이 되어 중년을 넘기고 노년에 들어서서도 그는 수시로 그 얼굴을 바라본다. 그러던 어느 날, 지나가던 한 관광객이 한때 소년이었다 이제는 산전수전 다 겪은 그 노인을 보며 소리친다. "큰바위 얼굴은 바로 당신이군요!"

현존하는 부활을 의식하며 묵상할 때 우리는 그분을 닮은 모습으로 빚어져 하나님이 의도하신 인격이 된다.

―――

현존하는 부활은 사역의 의욕이 된다. "무리를 보시고 불쌍히 여기시니 이는 그들이 목자 없는 양과 같이 고생하며 기진함이라"(마 9:36). 애틋한 애정이 담긴 이 본문에서 예수님의 인간 영혼의 아름다운 모습을 엿볼 수 있다. 이 말씀은 인간을 향한 그분의 심정을 보여 준다. 세상을 보시는 그분의 눈, 엉뚱한 데서 사랑을 찾으며 엉뚱한 추구로 행복을 좇는 이들을 향한 그분의 판단 없는 태도를 보여 준다. 그것은 예수님의 심장이 어제나 오늘이나 영원토록 동일하게 뛰고 있다는 단순한 계시다.

사람들로 인해 깊은 감정에 겨우셨다는 말이 나올 때마다 복음서는 그분의 심정이 행동으로 이어졌음을 보여 준다. 즉 그분은 몸이나 내면을 치유해 주셨고, 억눌린 데서 벗어나게 하시거나 귀신을 쫓아내셨고, 굶주린 무리를 먹이시거나 중보기도를 드리셨다. 무엇보다 그럴 때면 그분은 자신과 하나님의 왜곡된 이미지를 없애 주시며 사람들을 어둠에서 빛으로 인도하셨다. 이사야의 메시아 예언이 생각난다. "그는 목자같이 양 떼를 먹이시며 어린양을 그 팔로 모아 품에 안으시며 젖먹이는 암컷들을 온순히 인도하시리로다"(40:11).

예수님은 긍휼을 못 이겨 사람들에게 하나님의 사랑 이야기를 들려주셨다. 한가할 때면 가끔씩 드는 생각이 있다. 아무도 내게 구원 이야기를 말해 주지 않고 아무도 시간 내서 나를 주님께 인도하지 않았다면 지금쯤 내 삶은 어떻게 되었을까. 알코올 중독으로 이미 죽었거나 혹 살았더라도 거짓 자아가 날뛰고 있을 것이다. 알코올 중독 방지회 교본에 나오는 말처럼 "아집이란 제멋대로 구는" 법이다.

허먼 워크(Herman Wouk)의 「안과 밖」(*Inside, Outside*)이라는 소설을 읽다가 감동적 일화를 만났다. 13세의 주인공 남자가 성인식을 통해 막 '언약의 아들'이 되었다. 그 후에 그가 한 말이다.

성인식 다음날 아침 나는 아버지와 함께 회당에 갔다. 얼마나 대조적이던가! 회당은 음울한 정적 속에 텅 비어 있었다. 앞쪽에서 모리스 엘펜바인과 몇몇 노인이 기도수건을 두르고 성구함(聖句函)을 차고 있었을 뿐……

아버지가 애쓰시지 않았던들 나도 핵심을 놓쳤을 것이다. 돈만 두둑하고 또 아들이 떠들썩한 모임의 연습과정을 참아 낼 각오만 되어 있다면 성대한 성인식이야 어느 아버지라도 치러 줄 수 있다. 우리 종교―이 어지러운 시대에 혹 모든 종교가 그럴지 누가 알겠는가―의 기둥은 거의 텅 비다시피 한 예배 처소에 모여 주중에 하루만이라도 더 예배를 이어 가려는 소수의 옹고집들이다. 그것이 습관이나 충절이나 관성이나 미신이나 감상 때문인지 혹 참된 신앙 때문인지 누가 확실히 알겠는가? 아버지는 내게 그 우울한 진리를 가르쳐 주었다. 그리고 그것은 지금까지도 내게 남아 있다. 그래서 나는 지금도 주중에 일부러 회당을 찾는다. 눈비가 내려 신도들의 발길이 뜸할 것 같은 때면 특히 더 그렇다.[15]

히브리 역사 해석과 유대인 정체감 이해의 열쇠인 시내산 신화는 지금도 살아서, 거의 황폐해지다시피 한 회당의 (여남은) 옹고집 노인 신도들에 의해 전수되고 있다. 물론 그들은 동기가 흐릿할 수도 있고 일반 대중의 무관심과 냉담함에 좌절을 느낄 수도 있다. 그래도 그들은 그칠 줄 모르고 계속 이야기를 전하고 있다.

구원 이야기를 전하려는 의욕은 우리 안에 계신 부활하신 예수님의 심장박동을 듣는 데서 생겨난다. 안수받은 사역자가 되거나 달변의 길거리 전도자가 되어야만 이야기를 전할 수 있는 것이 아니다. 성경으로 계속 강타를 날려 그 충격으로 상대를 회심시키려 해야 하는 것도 아니다. 그저 내 삶이 이전에는 어땠고 예수님을 어떻게 만났으며 지금 삶이 어떤지 그것만 말하면 된다.

거짓 자아는 이야기를 전한다는 생각에 지레 뒷걸음질친다. 거부당할 것이 두렵기 때문이다. 그는 긴장하고 불안해 한다. 자신을 의지해야 하기 때문이다. 그의 능력은 자신의 빈약한 자원으로 제한된다. 그는 실패를 겁낸다.

참 자아는 겁먹어 움츠러들지 않는다. 자신보다 큰 능력이 떠받쳐 지탱해 주기에 참 자아는 예수 그리스도의 현존하는 부활의식에서 기본적 안전을 얻는다. 사역의 필수불가결한 핵은 언제나 내가 아니라 예수님이다. "나를 떠나서는 너희가 아무것도 할 수 없음이라"(요 15:5). 자신의 무력함을 인정하는 순간 우리는 부활하신 주님의 해방의 영역에 들어서며 결과에 대한 불안에서 벗어난다. 우리가 이야기를 전하는 것은 단순히 그것이 옳은 일이기 때문이다. 케임브리지의 고전학자 F. M. 콘포드(Cornford)는 "옳은 일을 행하는 유일한 이유는 그것이 옳은 일이기 때문이다. 나머지 모든 이유는 다른 일에 대한 이유다"라고 말한 바 있다.¹⁶

할리우드 영화감독 프랭크 카프라(Frank Capra)가 최근 작고했다. 1946년에 감독한 '멋진 인생'(It's a Wonderful Life)이라는 영화로 가장 잘 알려진 사람이다. 그 영화는 "자신이 가치 있는 일을 하나도 이루지 못했다는 생각에 절망하여 자살하려는 한 남자에 대한 공상영화다. 수호천사가 나타나 그를 구한다. 수호천사는 그가 세상에 존재하지 않아 착한 마음으로 사람들을 돕지 않았다면 지금쯤 그의 마을 사람들과 친구들과 가족들의 삶이 얼마나 비참해졌을지를 멋있게 재연한 일련의 꿈으로 그에게 보여 준다."[17]

영화가 끝나면 당신도 딱 한 사람한테만은 그 이야기를 해주게 될 것이다. 하나님은 생명의 샘이신 주님한테서 생수를 한잔만 떠서 다른 사람에게 전해 줘도 반드시 상이 있다고 약속하신다.

―――

소크라테스는 "의식 없는 삶은 살 가치가 없다"고 말했다. 예수님의 현존하는 부활의식 속에 살아간다는 것은 지식보다 용기를 더 요하는 값비싼 결단이다. 내 안에는 의식 없는 상태로 빠져들어 그리스도를 배제한 채 나 혼자 삶을 즐기고 특정 관계와 체험을 내 것으로 묶어 두려는 성향이 있다. 누군가가 말한 '무관심의 불가지론'—무관심이란 대중매체의 포격, 얄팍한 독서, 알맹이 없는 대화, 형식적 기도, 감각의 속박 등에 대비한 개인훈련이 없는 상태—의 악영향으로 부활하신 그리스도께 대한 의식이 흐려진다. 인간관계도 관심을 쏟지 않으면 사랑과 믿음과 교분이 약해지는 것처럼, 하나님과 함께 그리스도 안에 감추인 내 참자아에 관심을 기울이지 않으면 그분과의 관계에 대한 의식도 희미해진다. 옛말에 "발길이 뜸한 길은 가시와 엉겅퀴로 막힌다"는 말이 있다. 한때 녹음이 우거졌던 가슴이 황량한 포도원으로 변하고 만다.

한눈을 팔아 예수님을 내 의식에서 몰아내면 불가지론의 차가운 손길이 내 가슴을 덮쳐 온다. 내 불가지론은 인격적 하나님을 거부하지는 않는다. 오히려 그것은 신성한 임재에 대한 내 무관심으로 인해 이끼처럼 자라 가는 불신이다. 평소 내가 시간과 돈을 쓰고 사람들을 대하는 방식을 보면 내 의식 혹은 의식 없음의 정도가 그대로 드러난다.

「아직도 가야 할 길」(*The Road Less Traveled*)에서 스캇 펙(Scott Peck)은 이렇게 말했다. "훈련이 없이는 우리는 아무것도 풀 수 없다. 약간의 훈련만 있으면 약간의 문제를 풀 수 있다. 전폭적 훈련이 있으면 모든 문제를 풀 수 있다."

세월이 갈수록 나는 예수님의 현존하는 부활을 의식하는 훈련이 열정의 회복과 밀접하게 연관되어 있다는 확신이 깊어진다.

The Recovery of Passion 7
열정의 회복

열정이란 말은 본래 '영향을 입는다'는 뜻이다. 열정은 영혼의 본질적 에너지다.[1] 뭔가에 영향을 입는 역량이 곧 에너지의 근원임을 우리는 잘 느끼지 못한다. 그러나 그 진리의 명쾌한 예를 마태복음(13:44)에서 찾아볼 수 있다.

오늘도 고단한 시간의 리듬을 따라 긴 막노동의 하루가 이어진다. 갑자기 소가 걸음을 멈추며 뒷발질을 해댄다. 농부는 쟁깃날을 평소보다 깊이 들이민다. 고랑을 점점 깊이 파 보니 언뜻 귀에 거슬리는 금속성 소리가 들린다. 소가 발길질을 멈춘다. 그는 구닥다리 쟁기를 옆으로 밀친다.

맨손으로 농부는 열심히 땅을 판다. 흙이 사방으로 날린다. 이윽고 뚜껑 손잡이가 눈에 띈다. 그는 땅속에서 커다란 항아리를 파낸다. 떨리는 손으로 항아리 손잡이를 홱 당긴다. 눈이 휘둥그레진다. "와!" 농부의 탄성에 소가 눈을 끔벅인다.

묵직한 항아리에 동전과 금은보화가 입구까지 가득 차 있다. 농부는 보화를 샅샅이 들추어 본다. 값진 보석과 진귀한 귀고리와 빛나는 다이아몬드가 손가락 사이로 흘러내린다. 농부는 보고 있는 사람이 없는지 주위를 슬쩍 둘러본다. 혼자임을 알고 안도한 그는 항아리를 흙에 묻고 겉에 얕게 구덩이를 파 놓고는 큰 돌을 놓아 표시해 둔다. 그리고 다시 밭갈이를 시작한다.

농부는 어마어마한 발견에 깊은 영향을 입는다. 한 가지 생각이 그를 사로잡는다. 낮이면 산만해서 일이 안되고 밤이면 어지러워 잠을 못 잘 정도로 그 생각은 그를 붙들고 놓아주지 않는다.

밭을 내 손안에 넣어야 한다!

하루 벌어 하루 먹고 사는 처지에 밭에 묻힌 보화를 손에 넣기란 불가능한 일이다. 어디서 돈을 구해 밭을 산단 말인가? 조심이고 분별이고 안중에도 없다. 그는 자기 소유를 다 판다. 오두막집과 그동안 키우던 몇 마리 양을 적당한 값에 넘긴다. 이어 친척들과 친구들과 아는 사람들을 찾아다니며 거액의 돈을 빌린다. 농부가 듬뿍 값을 쳐주자 밭 주인은 희색이 만면하여 두 번 생각할 것도 없이 농부에게 밭을 판다.

농부의 아내는 심히 역정을 부린다. 아들들은 슬픔에 잠긴다. 친구들은 그를 나무란다. 동네 사람들은 고개를 흔든다. "쯧쯧. 더위를 먹은 모양이군." 그러면서도 그들은 농부의 용솟음치는 에너지에 어리둥절해 한다.

모두의 반대에도 불구하고 농부는 침착하다 못해 즐겁다. 자신이 그 거래로 돈방석에 앉게 된 것을 알기에 이익을 생각하며 마냥 즐겁다. 아마도 지난 전쟁통에 후일을 위해 보화를 밭에 묻어 둔 주인이 그만 유명을 달리했을 터였다. 보화를 팔아 얻은 돈은 농부가 치른 밭값의 100배가 넘는다. 그는 빚을 모두 청산한 뒤 노른자 땅에 으리으리한 맨션을 짓는다. 비천한 농부가 이제 여생이 보장된 거부가 된다. 적들은 시기하고 친구들은 축하한다.

천국은 마치 밭에 감추인 보화와 같으니 사람이 이를 발견한 후 숨겨 두고 기뻐하여 돌아가서 자기의 소유를 다 팔아 그 밭을 샀느니라(마 13:44).

이 비유의 초점은 하나님 나라를 발견한 기쁨이다. 성경학자 요아킴 예레미아스는 이렇게 풀이했다.

혜아릴 수 없이 큰 기쁨이 그를 **사로잡아** 흥분시킨다. 그 기쁨은 그의 내면 가장 깊은 곳으로 파고들어 그의 생각을 구속해 버린다. 그 어마어마한 가치에 비하면 나머지 모든 것은 무가치해 보인다. 그러니 밭값이 얼마인들 비싸서 낼 수 없으랴. 가장 아끼던 것까지 거침없이 내놓는 것은 당연한 일이다. 비유의 결정적 대목은 농부가 포기한 것이 무엇이냐가 아니라, 그것을 포기한 이유, 곧 보화를 발견한 감격스런 체험이다. 하나님 나라도 마찬가지다. 기쁜 소식의 영향이란 불가항력적이다. 그것은 마음을 마냥 즐겁게 하고 삶의 방향 전체를 바꿔 놓으며 혼신을 다한 최고의 희생을 낳는다.²

보화의 비유를 현대판으로 바꿔 보자. 1993년 7월 10일, 위스콘신 주 퐁뒤라크의 30세 된 고등학교 교사 레슬리 로빈스는 미국 역사상 최고의 복권 당첨금으로 무려 1억 1천 1백만 달러를 받았다. 곧바로 그는 위스콘신에서 플로리다 주 레이클랜드로 날아가 약혼녀 콜린 드브리스와 재회했다. 한 신문과의 인터뷰에서 로빈스는 "처음 이틀간은 흥분보다는 오히려 두렵고 겁이 났습니다만 결국 조금씩 기분이 가라앉아 지금은 편안합니다"라고 말했다.

레슬리와 콜린이 횡재에 '영향을 입었다'고, 곧 복권 당첨이 그들의 영혼에 열정을 일깨웠다고 말한다면 지나친 표현일까? 비유 속의 농부와 동일한 열정?

로빈스는 추첨일로부터 180일 내에 당첨금을 찾아야 했다. 그러나 이들 두 위스콘신 사람이 광적인 스포츠팬이라 해보자. 그들은 밀워키 브루어스 야구팀의 아메리칸리그 우승과 그린베이 패커스팀의 슈퍼볼 진출 응원에 너무 몰입한 나머지 당첨금 찾는 것을 잊어버린다. 180일이 만료된다. 그들은 향후 20년간 해마다 350만 달러씩(세금공제 후) 받을 권리를 날려 버린다.

젊은 커플에 대한 우리의 판결은 무엇일까? '어리석다'가 아닐까?

내 반응도 똑같다. 다만 나도 똑같이 한 적이 있기 때문에 이해와 동정이 더 갈 뿐이다. 그들의 맹목적 굴레는 스포츠였다. 내 경우는 술이었다. 그들의 어리석음은 바로 내 이야기다. 그들은 야구와 풋볼팀 때문에 부를 날렸다. 나는 위스키와 보드카 때문에 보화를 날렸다. 화장실 진열장과 자동차 사물함과 제라늄 화분에 위스키병을 감춰 두고 살던 그 신 포도주와 시든 장미꽃의 시절, 나는 하나님을 피해 눈물과 공허한 웃음 속에 숨었다. 그러면서도 내내 나는 보화의 행방을 알고 있었다.

보화를 발견하는 것과 그것을 단호한 결단과 불굴의 노력으로 내 것으로 삼는 것은 별개의 문제다.

우리 삶이 초라한 것은 다분히 우리가 잠시 있다 사라지는 헛된 세상의 소소한 전리품에 취해 있기 때문이다. 섹스, 마약, 술, 돈과 쾌락과 권력의 추구는 물론 자칫하면 종교까지도 현존하는 부활의식을 억압한다. 종교적 장난, 세상적 특권, 일시적 무의식은 교회와 사회의 끔찍한 의미 부재를 결코 덮을 수 없다. 광신과 냉소와 무관심도 마찬가지다.

중독의 종류가 무엇이든—숨막히는 관계든 역기능적 의존이든 단순한 나태든—그리스도께 영향을 입는 우리의 역량은 마비된다. 게으름이란 내면의 여정을 거부하는 태도요 열정을 외면한 데서 비롯되는 마비 증세다.[3] 자신이 깨달은 보화에 깊이 영향을 입지 못할 때 냉담함과 적당주의는 필연적인 것이다. 열정이 향수나 감상으로 전락하지 않으려면 그 근본부터 새로워져야 한다.

보화는 예수 그리스도시다. 그분은 우리 안에 있는 하나님 나라다. 세인트루이스 예수회의 주제가에 잘 나타나 있다.

> 우리 보화는 금이 아니니
> 질그릇에 담긴 엄청난 부
> 우리 보화는 오직 하나니
> 질그릇 속의 주 그리스도

아주 독실한 유대인 부부의 이야기가 있다. 그들은 깊이 사랑하여 결혼했고 사랑은 영영 시들지 않았다. 이들의 가장 큰 희망은 아이를 갖는 것이었다. 자신들의 사랑의 결실이 기쁘게 세상을 사는 모습을 보는 것이었다.

그러나 어려움이 있었다. 이들은 아주 독실했기에 기도하고 또 기도하고 기도했다. 적잖은 다른 노력과 어우러져 마침내 아내가 아기를 잉태했다. 아기를 가진 그녀는 사라가 아기를 가졌을 때 웃었던 것보다 더 크게 웃었다. 태중의 아기는 마리아가 엘리사벳을 방문했을 때 요한이 태중에서 뛰었던 것보다 더 기쁘게 뛰었다. 9개월이 지나 울음소리도 우렁찬 귀여운 사내아기가 세상에 나왔다.

그들은 아기에게 모르드개란 이름을 지어 주었다. 아이는 한시도 쉬지 않고 열심히 돌아다녔다. 낮에는 꿀꺽꿀꺽 먹었고 밤에는 꿈을 꾸었다. 해와 달이 아이의 장난감이었다. 아이는 나이와 지혜와 예절이 자라서 드디어 회당에 가 하나님 말씀을 배울 때가 되었다.

공부가 시작되기 전날 밤 부모는 모르드개를 앉혀 놓고 하나님 말씀이 얼마나 중요한 것인지 일러 주었다. 그들은 하나님 말씀 없이는 모르드개가 추풍낙엽 신세가 될 수밖에 없음을 강조했다. 아이는 눈을 크게 뜨고 들었다.

그러나 이튿날 아이는 회당에 가지 않았다. 대신 산에 들어가 연못에서 헤엄치고 나무를 타다 왔다.

그날 밤 아이가 집에 오자 작은 동네에 소문이 쫙 퍼져 있었다. 아이의 수치를 모두가 알고 있었다. 부모는 제정신이 아니었다. 그들은 어찌해야 좋을지 몰랐다.

그래서 그들은 행동수정 전문가들을 불러 모르드개의 행동을 수정하게 했다. 마침내 모르드개에게는 더 이상 수정할 행동이 없게 되었다. 그런데도 이튿날 그는 산에 들어가 연못에서 헤엄치고 나무를 타다 왔다.

그래서 그들은 정신분석가들을 불러 모르드개의 막힌 부분을 뚫게

했다. 모르드개에게는 더 이상 뚫을 곳이 없게 되었다. 그런데도 그는 이튿날 연못에서 헤엄치고 나무를 타다 왔다.

부모는 사랑하는 아들로 인해 비탄에 빠졌다. 희망이 없어 보였다.

그때 위대한 랍비가 그 마을에 찾아왔다. 부모는 "아! 랍비라면 될지 모르겠다"고 말했다. 그래서 그들은 모르드개를 랍비에게 데려가 비참한 사연을 털어놓았다. 랍비는 "아이를 두고 가시오. 내 얘기해 보리다" 하며 버럭 소리를 질렀다.

부모는 모르드개가 회당에 안 가는 것만으로도 속상하던 차에 사랑하는 아들을 사나운 남자한테 맡기고 가자니 겁이 덜컥 났다. 그러나 여기까지 온 그들이 아니던가. 그래서 그들은 아이를 두고 왔다.

모르드개는 복도에 서 있었고 위대한 랍비는 거실에 서 있었다. 랍비가 "애야, 이리 와 봐라" 하고 부르자 모르드개는 떨면서 다가갔.

그러자 위대한 랍비는 아이를 번쩍 들어 올려 안고는 말없이 자기 심장에 대었다.

부모는 모르드개를 데리러 갔다. 그들은 아이를 집으로 데려왔다. 이튿날 아이는 회당에 가 하나님 말씀을 배웠다. 공부가 끝나자 그는 산에 갔다. 그러자 하나님 말씀은 숲의 말과 하나가 되었고 다시 모르드개의 말과 하나가 되었다. 아이는 연못에서 헤엄쳤다. 그러자 하나님 말씀은 연못의 말과 하나가 되었고 다시 모르드개의 말과 하나가 되었다. 아이는 나무에 올랐다. 그러자 하나님 말씀이 나무의 말과 하나가 되었고 다시 모르드개의 말과 하나가 되었다.

모르드개는 자라서 훌륭한 사람이 되었다. 두려움에 질린 이들은 그에게 와서 평안을 얻었다. 곁에 아무도 없는 이들은 그에게 와서 친구를 찾았다. 출구가 없는 이들은 그에게 와서 출구를 찾았다. 사람들이 찾아오면 그는 이렇게 말했다. "나는 위대한 랍비가 나를 안고 조용히 자기 심장에 대고 계실 때 하나님 말씀을 처음 배웠소."[4]

심장/마음은 전통적으로 사랑과 증오 같은 강한 느낌이 생겨나는 감정의 위치로 알려져 있다. 그러나 마음을 감정의 위치로만 보는 제한적 시각은 마음을 전인적 자아의 한 차원으로만 국한시킨다. 분명 그것은 "하나님이여, 내 속에 정한 마음을 창조하소서"라고 기도할 때 우리가 생각하는 바도 아니고, 예레미야의 입을 통해 "내가 나의 법을 그들의 속에 두며 그들의 마음에 기록하여"(렘 31:33)라고 말씀하실 때 하나님이 의미하신 바도 아니며, "마음이 청결한 자는 복이 있나니"(마 5:8)라고 말씀하실 때 예수님이 뜻하신 바도 아니다.

마음이란 인격의 가장 깊은 본질을 지칭할 때 사용하는 상징어다. 그것은 우리 존재의 핵심을 상징하며, 우리의 참 실체에 대해 축약이 불가능한 정의다. 인간이란 마음속을 드러냄으로써만 서로를 알 수 있다.

위대한 랍비의 심장박동을 들을 때 모르드개가 들은 것은 고동치는 인간 장기의 수축과 팽창 그 이상의 것이었다. 그는 랍비의 의식 내면으로 파고들었다. 랍비의 주관적 세계 속으로 들어갔다. 그리고 지식과 감정을 아우르면서도 그것을 초월하는 방식으로 랍비를 알게 되었다. 마음은 마음에 말한다. 블레이즈 파스칼의 도발적인 말을 생각해 보라. "마음에는 지성이 전혀 알지 못하는 그 나름의 이성이 있다."

최근 5일간 침묵의 묵상시간을 보내며 나는 시종 요한복음을 읽었다. 마음에 와 닿는 문장이 나올 때마다 일기장에 그대로 옮겨 적었다. 횟수가 많았는데 공교롭게도 처음 적은 말씀과 마지막 적은 말씀이 똑같았다. "예수의 제자 중 하나 곧 그가 사랑하시는 자가 예수의 품에 의지하여 누웠는지라.……그가 예수의 가슴에 그대로 의지하여"(요 13:23, 25). 더 심오한 계시를 찾아 이 장면을 급히 지나쳐서는 안된다. 그렇지 않으면 중대한 통찰을 놓치고 만다. 요한은 하나님의 심장에, 곧 니케아 종교회의에서 "아버지와 동격이고 동체이며……하나님으로부터 오신 하나님, 빛으로부터 오신 빛, 참 하나님으로부터 오신 참 하나님"이라고 정의된 인간 예수의 가슴에 기대어 누워 있다. 이 말씀을 지난날의 추억쯤으로 격하해서는 안된다. 그것은 인격적 만남이 될 수 있다. 하나님이 누구이시며 우리와 예수님 본래의 관계가 어떤 것인지에 대한 우리의 이해에 근본적 영향을 미칠 수 있다. 하나님은 한 유대인 젊은이로 하여금 20여 년의 지친 몸을 기대어 당신의 심장박동을 듣게 하셨다!

우리는 인간 예수님을 그토록 가까이서 본 일이 있던가?

분명 요한은 예수님이 무섭지 않았다. 그는 자기 주인과 스승이 두렵지 않았다. 요한이 알았던 예수님은 천상의 비전에 마음을 빼앗긴 두건 쓴 신비가도 아니었고 긴 머리에 유연한 옷을 걸친 유령 같은 성자의 얼굴도 아니었다. 요한은 이 훌륭한 인간에 깊은 영향을 입었다.

나는 예수님의 신성을 놓칠까 봐 두려워 그분의 인성에 거리를 두었다. 눈을 가려 지성소를 보지 않던 고대의 예배자처럼 말이다. 내 불편함을 통해 드러난 것은 인격적 구주에 대한 친밀한 확신이라기보다는 믿음에 대한 이상한 망설임, 멀기만 한 신에 대한 뭔지 모를 불안이었다.

예수님의 가슴에 기대어 위대하신 랍비의 심장박동을 들으면서 요한은 단순한 인지적 앎을 초월하는 방식으로 그분을 알게 된다.

누군가에 대해 아는 것과 그분을 아는 것은 얼마나 천양지차인가! 우리는 이름, 출생지, 가정환경, 교육배경, 습관, 외모 등 상대에 대해 모든 것을 알 수 있지만 그 모든 신상자료는 하나님과 함께 살며 사랑하며 행하는 그 사람에 대해 아무것도 말해 주지 않는다.

순간의 직관적 이해로, 요한은 예수님을 사랑이신 하나님의 인간 얼굴로 체험한다. 그리고 위대하신 랍비가 누구인지 알게 되면서 요한은 자신이 누구인지도—곧 예수의 사랑하시는 제자로—알게 된다. 세월이 흘러 전도자 요한은 이렇게 말했다. "사랑 안에 두려움이 없고 온전한 사랑이 두려움을 내쫓나니 두려움에는 형벌이 있음이라. 두려워하는 자는 사랑 안에서 온전히 이루지 못하였느니라"(요일 4:18).

베아트리스 브루토(Beatrice Bruteau)는 말했다. "상대를 알려면 상대의 내면으로, 상대의 의식 속으로 들어가야 한다. 즉 나 자신의 주관적 세계 속에 동일한 의식을 품어야 한다. '너희 안에 이 마음을 품으라. 곧 그리스도 예수의 마음이니'"(빌 2:5).[5]

내가 보기에 다락방에서 일어난 일이 바로 그것이다. 사랑받는 제자 요한은 예수님을 알게 되었을 뿐 아니라 그동안 예수님께 받았던 모든 가르침의 의미가 섬광처럼 번뜩 깨달아졌다. "나는 위대하신 랍비가 나를 안고 조용히 자기 심장에 대고 계실 때 하나님 말씀을 처음 배웠소." 요한에게 기독교의 핵심은 전수된 교리가 아니라 직접 자신의 체험에서 비롯된 메시지였다. 그리고 그가 선포한 메시지는 "하나님은 사랑이시라"였다(요일 4:16).

철학자 버나드 로너건(Bernard Lonergan)은 "모든 종교 체험의 뿌리는 무조건, 무제한의 사랑을 받는 체험이다"라고 말한 바 있다.[6]

열정의 회복은 사랑받는 자로서의 내 참 자아의 회복과 함께 시작된다. 그리스도를 발견하면 내 자아도 발견하게 되고, 내 참 자아를 발견하면 그분도 발견하게 된다. 이것이야말로 우리 삶의 목표요 목적이다. 요한은 예수님이 가장 중요한 것이라 믿지 않았다. 그는 예수님만이 유일한 것이라 믿었다. '예수님의 사랑받는 제자'에게 그 이하는 참된 믿음이 아니었다.

내가 믿기로 다락방의 그 밤은 요한에게 일생 일대의 결정적 순간이었다. 그리스도께서 부활하시고 60여 년이 지난 후 사도 요한은—추억의 개울에서 사금을 건지는 늙은 광부처럼—예수님과 3년간 어울릴 때 일어난 모든 일을 떠올렸다. 주마등처럼 떠오르는 추억 중에서도 특히 그는 그 신성한 밤을 꼬집어 말하며 자신의 핵심 정체를 이런 말로 인정했다. "베드로가 돌이켜 예수께서 사랑하시는 그 제자가 따르는 것을 보니 그는 만찬석에서 예수의 품에 의지하여······묻던 자더라"(요 21:20).

누군가 요한에게 "당신의 핵심 정체, 가장 근본적인 자아 인식이 무엇입니까?"라고 묻는다면 그는 "나는 제자요 사도요 전도자입니다"라고 답하지 않고 "나는 예수의 사랑하시는 자입니다"라고 답할 것이다.

초대교회는 세족 목요일 밤에 있었던 사랑받는 제자 요한과 예수님의 친밀한 만남을 그냥 지나치지 않았다. 제4복음의 저자가 요한임을 분명히 증거하면서, 이레니우스는 "끝으로, 주님의 가슴에 기대었던 그분의 제자 요한도 에베소에 머물 무렵 직접 복음서를 기록했다"고 말했다.[7]

요한복음 13:23-25을 믿음 없이 읽는다면 아무 득이 없다. 열정적 삶의 모험에 나서려면 우리도 요한처럼 예수께 '영향을 입어야' 한다. 그분께 대한 체험을 추억이 아닌 삶과 연관시켜야 한다. 내 머리를 예수님의 가슴에 대고 그분의 심장박동을 듣지 않는 한, 그리하여 요한이 증거한 그리스도 체험을 내 것으로 삼지 않는 한, 내 영성은 파생적인 것에 지나지 않는다. 내 교활한 거짓 자아는 요한의 친밀했던 순간을 끌어다가 마치 내 것인 양 착각하게 만들 것이다.

언젠가 나는 암으로 죽어 가던 한 노인 이야기를 한 적이 있다.[8] 노인의 딸은 인근의 신부를 집으로 청해 아버지를 위해 기도해 달라고 했다. 신부가 도착하자 노인은 겹베개 위로 고개를 높인 채 침대에 누워 있었고 침대 옆에는 빈 의자가 하나 있었다. 신부는 자신이 문병 올 것을 노인이 알고 있는 줄로 생각하고 말했다. "저를 기다리고 계셨군요."

"아니오. 신부님은 뉘신지?"

신부가 대답했다. "이 교구에 새로 온 협동사제입니다. 저는 빈 의자를 보고서 할아버님께서 제가 올 것을 알고 계신 줄 알았습니다."

"아, 의자 말이로군요." 병상에 누운 그가 말했다. "문 좀 닫아 주겠소?"

신부가 어리둥절한 채 문을 닫았다.

노인이 말했다. "이건 아무한테도 말한 적이 없는 얘기라오, 내 딸한테도. 나는 평생 기도할 줄을 몰랐소. 주일미사 때면 사제가 기도에 대해 말하는 것을 듣곤 했지만 통 이해가 안 갔지요. 마침내 어느 날 너무 속이 상해 사제한테 '기도에 대한 신부님의 설교가 도무지 깨달아지지 않아요.' 하고 말했지요."

"사제가 자기 책상 맨 아래 서랍을 열며 말하더군요. '여기 이 책을 읽어 보십시오. 스위스 신학자 한스 우르스 폰 발타사르가 쓴 것인데, 묵상기도에 관한 20세기 최고의 책입니다.'"

"글쎄요, 신부님. 책을 집에 가져가 읽어 보려 했어요. 하지만 첫 세 페이지에서 사전을 찾아야 하는 단어가 열두 개나 됐소. 사제한테 책을 돌려주며 고맙다고 했지요. 속으로 이렇게 덧붙이면서 말이오. '전혀 도움은 안됐지만.'"

노인은 말을 이었다. "나는 기도를 아예 포기해 버렸소. 그러던 어느 날 그러니까 4년쯤 됐지요. 나와 가장 친한 친구가 이런 말을 해주더군요. '조, 기도란 단순히 예수님과 대화를 나누는 걸세. 내 말대로 한번 해보게. 의자에 앉아서 맞은편에 빈 의자를 놓고 그 의자에 예수님이 앉아 계신 것을 믿음으로 보게. 이상하게 생각할 것 없네. 예수께서 끝 날까지 우리와 함께하시겠다고 약속하셨으니 말일세. 그 다음에는 지금 나와 하는 것처럼 똑같이 그분께 말씀드리고 또 들으면 되네.'"

"그래서 신부님, 그대로 해봤더니 너무 좋은 거예요. 그래서 날마다 두어 시간씩 그렇게 하고 있지요. 하지만 조심스러워요. 내가 빈 의자에 대고 말하는 걸 딸이 봤다가는 기절하거나 나를 정신병원으로 보낼 거요."

신부는 그 이야기에 깊은 감동을 받고 노인에게 계속 그렇게 하라고 격려해 주었다. 그러고는 함께 기도하고 기름을 발라 준 뒤 사제관으로 돌아왔다.

이틀 후 노인의 딸이 신부한테 전화를 걸어 그날 오후에 아버지가 돌아가셨음을 알려 왔다.

"편안히 돌아가신 것 같습니까?" 신부가 물었다.

"예. 2시쯤 집을 나와 병원에 갔어요. 아버지는 저를 침대 옆으로 부르시더니 철지난 우스갯소리를 하나 들려주시고는 제 뺨에 입을 맞추셨어요. 가게에 갔다가 한 시간쯤 후에 돌아오니 이미 운명하신 뒤였어요. 그런데 신부님, 신기한 것이 있어요. 사실 신기한 정도가 아니라 좀 이상해요. 숨을 거두시기 바로 직전이었던 것 같은데, 아버지는 몸을 잔뜩 기울여 침대 옆의 의자 위에 머리를 두고 계셨어요."

육체를 입으셨던 역사 속의 그리스도가 그 사랑받는 제자에게 가까우셨던 것처럼, 신앙 속의 그리스도도 조금도 다를 바 없이 현존하는 부활 속에서 우리 곁에 계신다. 요한은 주님의 말씀을 인용해 이 진리를 강조한다. "내가 너희에게 실상을 말하노니 내가 떠나가는 것이 너희에게 유익이라"(16:7). 왜 그럴까? 예수님이 떠나시는 것이 왜 믿음의 공동체에 유익이 될까? 첫째 이유는 그분이 말씀하셨다. "내가 떠나가지 아니하면 보혜사가 너희에게로 오시지 아니할 것이요 가면 내가 그를 너희에게로 보내리니." 둘째, 예수님이 지상에 가시적 모습으로 계실 때는 한 가지 위험이 있었다. 즉 사도들이 그분의 가시적 인간 육체에 너무 집착해 믿음의 확실성을 감각의 가시적 증거와 맞바꿀 위험이 있었던 것이다. 예수님을 육체로 본다는 것은 엄청난 특권이었다. 그러나 더 복된 자들은 보지 않고 믿은 자들이다(요 20:29).

―

그의 체험에 비추어 볼 때 요한이 복음서 독자들에게 한 가지 핵심 질문만 던지는 것은 어쩌면 당연한 일이다. "너희는 메시아요 하나님의 아들이신 예수를 알고 사랑하느냐?"

삶의 의미와 충만함은 거기서 비롯된다. 나머지는 다 황혼 속으로 사라진다. 에드거 번즈(Edgar Burns)는 「요한의 예술과 사상」(*The Art and Thought of John*)이라는 산문집에 이렇게 썼다. "독자들은 말하자면, 그가 그리는 찬란한 이미지에 눈이 먼다. 태양을 오랫동안 쳐다보아서 빛밖에 아무것도 보이지 않는 자들이 되어 나오는 것이다."

예수님과의 연합은 요한의 핵심 주제로 떠오른다. 포도나무와 가지의 이미지를 통해 그리스도는 우리를 불안과 두려움 없이 살 수 있는 새로운 공간 안에 거하도록 부르신다. "내 안에 거하라. 나도 너희 안에 거하리라"(요 15:4). "그가 내 안에 내가 그 안에 거하면 사람이 열매를 많이 맺나니"(15:5). "아버지께서 나를 사랑하신 것같이 나도 너희를 사랑하였으니 나의 사랑 안에 거하라"(15:9).

시인 존 던(John Donne)의 간구는 우리 모두를 대변하는 것이다.

저를 주께로 이끌어 가두어 주옵소서.
주께 속박됨 없이는 제게 자유가 없고
주께 강탈됨 없이는 순결도 없나이다.⁹

요한의 가치 기준을 프리즘 삼아 예수님을 볼 때 우리는 제자도의 우선순위에 대해 독특한 통찰을 얻는다. 그리스도와의 인격적 관계가 다른 모든 요소를 능가한다. 기독교 공동체를 돋보이게 하는 것은 사도직이나 교회 직분도 아니고 직함이나 영역도 아니고 방언, 예언, 영감에 찬 교육 등 카리스마의 은사도 아니며, 오직 "너는 나를 사랑하느냐?" 하는 예수님의 물음에 대한 우리의 반응이다.

요한복음은 카리스마를 받은 자들을 지나치게 떠받드는 데 익숙해진 현대 교회에 예언적 말씀을 들려준다. 오직 예수 그리스도를 향한 사랑만이 지위를 세워 주고 존귀를 부여한다는 말씀이다. 베드로가 권위의 망토를 두르기 전 예수님은 그에게 "네가 나를 사랑하느냐"고 물으셨다(한 번이 아니라 세 번씩이나). 이 물음은 준엄할 뿐 아니라 계시적인 것이다. 즉 "누군가에게 권위가 주어진다면 그것은 예수님을 향한 사랑에 기초한 것이라야 한다."¹⁰

교회의 지도자 자리는 자금 조달에 능한 자, 똑똑한 성경학자, 행정의 천재, 청중을 매료하는 설교자 등에 맡겨져서는 안된다(그런 자산이 도움이 될 수는 있지만). 그리스도를 향한 불타는 열정에 사로잡힌 자들—예수님을 알고 사랑하는 것에 비하면 특권과 권력이 하찮아 보이는 열정적 남녀들—에게 맡겨져야 한다. 헨리 나우웬은 리더십의 이런 자질을 상세히 설명한다.

그리스도인 지도자들은 단지 우리 시대의 중대 이슈들에 대해 해박한 고견을 가진 자들이어서는 안 된다. 그들의 리더십은 성육신한 말씀이신 예수님과의 영원하고 친밀한 관계에 뿌리를 두어야 한다. 그들은 자신의 발언과 충고와 지도의 원천을 거기서 찾아야 한다.······중대 이슈를 다루다 보면 쉽사리 분열로 빠질 수 있다. 우리도 모르는 사이에, 주어진 주제에 대한 의견에 우리의 자의식이 배어들기 때문이다. 그러나 생명의 원천과의 인격적 친밀함에 안전히 뿌리를 둘 때 우리는 융통성을 지키면서도 상대론에 빠지지 않고, 확신을 품으면서도 딱딱해지지 않고, 부딪칠 때 부딪치면서도 공격적이지 않고, 너그럽게 용서하면서도 물러지지 않고, 참 증인이 되면서도 상대를 조종하지 않을 수 있다.[11]

교회사의 굵직한 반목과 분열, 살벌한 증오와 싸움의 시기만 살펴봐도 요한의 리더십 기준이 무시될 때 찾아오는 비참한 결과를 십분 알 수 있다. 정통의 이름으로 수세기에 걸쳐 자행된 오만한 기독교 십자군이 가져온 고통에 우리는 몸서리칠 뿐이다.

요한을 친구와 길잡이 삼아 보낸 묵상기간을 통해 나는 그가 예수님과 사람들에 대한 자신의 인식을 표현할 때 사용한 동사와 부사들에 깊은

인상을 받았다.

예수께서 베다니에 도착하셔서 자기를 찾으신다는 말을 언니 마르다한테서 들은 마리아는 **급히** 일어나 그분께 나아갔다(11:29).

막달라 마리아는 빈 무덤을 보고는 가슴 아파 눈물짓고 있다. 예수께서 자기 이름을 부르심을 깨닫는 순간, 마리아는 그분을 **부여잡았다**. "나를 붙들지 말라. 내가 아직 아버지께로 올라가지 아니하였노라"(20:17).

베드로와 요한은 무덤이 비었다는 소식을 듣자마자 함께 동산으로 **달려갔다**. 그러나 그 다른 제자가 베드로보다 **더 빨리 달려가** 먼저 무덤에 이르렀다(20:3-4).

예수께서 해변에 계시다는 말을 요한한테 듣자 베드로—예수님을 배반한 자, 친구로서 위기의 순간에 등 돌린 자, 여종 앞에서 영혼까지 비겁했던 자—는 거의 벌거벗은 몸으로 물속에 **뛰어내렸다**. "시몬 베드로가 벗고 있다가 주님이라 하는 말을 듣고 겉옷을 두른 후에 바다로 뛰어내리더라"(21:7). 요한은 배가 육지에서 90미터쯤 떨어져 있었다고 적고 있다.

이들 성경인물들은 자신의 이력이 아무리 깨끗했든 지저분했든 과거에 얽매이지 않고 지금 예수님께 반응한다. 자의식은 집어던진 채 그들은 그분께 다가가고, 부여잡고, 뛰어내리고, 달려갔다. 베드로는 그분을 부인하고 버렸으나 그분을 두려워하지 않았다.

당신의 사역의 모든 동기가 철저히 자기중심적임을 섬광 같은 통찰로 한순간 깨달았다고 하자. 또는 지난밤 당신이 술 취해 간음을 범했다고 하자. 또는 당신에게 도움을 청한 사람을 무시했는데 그 사람이 자살했다고 하자. 어떻게 하겠는가?

죄책감과 자기정죄와 자기혐오가 당신을 삼켜 버리게 둘 것인가? 아니면 물속으로 뛰어들어 부리나케 90미터를 헤엄쳐 예수께로 갈 것인가? 자신이 못났다는 감정에 파묻혀 망연히 어둠에 지배당할 것인가? 아니면 예수님을 본연의 모습―끝없는 긍휼과 무한한 인내의 구주, 우리의 잘못을 기억하지 않는 연인―으로 대할 것인가?

요한의 말을 듣노라면 예수님의 제자들은 그분이라면 좋아 사족을 못 썼고, 그래서 그분께 달려갔다는 인상이 든다. 레이먼드 브라운(Raymond Brown)의 좀더 절제된 표현으로 "예수님은 행동마다 사랑을 나타내신 분으로 기억되었으며, 그분을 따르던 자들로부터 깊은 사랑을 받았다."

사랑받는 제자 요한이 주는 메시지는, 수치에 덮인 죄인들을 향한 것이자 동시에 방종한 자나 자유주의자의 접근이 두려워 용서에 둔하고 인색한 지역 교회를 향한 것이기도 하다. 교회가 인내와 긍휼이 너무 많아 교회를 떠난 사람들 수는 미미하다. 그러나 교회에 용서가 없어 교회를 떠난 사람들 수는 비참할 정도로 많다.

―――

로즐린과의 연애시절 나는 틈만 나면 뉴올리언스에 있는 그녀를 찾아갔다. 1978년 봄, 이탈리아 아시시에서 70명의 미국과 캐나다 성직자들을 상대로 열흘간 수련회를 인도한 뒤 나는 일행과 함께 미니애폴리스로 날아가 새벽 3시에 도착했다.

시차 피로가 있는데다가 다음날 오전 샌프란시스코의 다른 수련회에서 말씀을 전하기로 되어 있었기 때문에 곧장 샌프란시스코로 가는 것이 누가 봐도 현명한 일이었다. 그러나 나는 새벽 6시까지 미니애폴리스에 머물다가 다른 비행기로 뉴올리언스에 가 폰차트레인 호수에서 사랑하는 로즐린과 함께 소풍을 즐겼다. 그러고는 샌프란시스코로 날아갔다. 도착하니 자정이었다.

이튿날 아침 나는 가뿐하고 상쾌하고 힘이 넘쳤다. 사랑의 애타는 그리움이 기운을 펄펄 나게 한 것이다. 나는 사랑과 사랑에 빠졌다.

'홀리다'는 말은 라틴어로 '바보가 되다'는 말에서 나왔다.[12] 물론 인생이 늘 그렇게 서정적 장단만이 아닌 것을 우리는 경험을 통해 안다. 흥분과 열기는 결국 차분하고 사려 깊은 인내로 이어져야 한다. 홀린 사랑은 그 내구력에 도전장을 내미는 이별, 외로움, 갈등, 긴장, 권태기의 비바람을 맞아야 한다. 홀린 사랑이 끝까지 살아남으려면 처음 황홀했던 때의 가공의 친밀함이 사랑하는 이에 대한 자기희생, 감사, 대화를 특징으로 한 진정한 친밀함으로 무르익어야 한다.

예수 그리스도와의 만남에 깊이 영향을 입던 전혀 뜻밖의 순간—넘치는 위로와 뿌듯한 기쁨을 가져다준 절정 경험—을 기억하는 이들이 우리 중에도 많이 있다. 우리는 경이와 사랑에 흠뻑 취했었다. 한마디로 예수님께 홀렸고 사랑과 사랑에 빠졌었다. 내 경우 그 경험은 9년간 계속되었다.

그러다 서품을 받은 직후 나는 성공에 취했다. 사랑받는 아들 주님의 목소리가 사역에 대한 갈채와 찬사에 묻혀 버렸다. 나는 여기저기서 오라는 데가 많았다. 사람들이 내 인격을 흠모하고 내 존재를 필요로 하다니 얼마나 짜릿한 기분인가! 요청마다 무조건 응하느라 그리스도와의 친밀함이 점점 시들해지자, 나는 이것이야말로 하나님 나라 사업에 몸 바쳐 봉사하기 위해 치러야 할 대가라고 합리화했다.

몇 년 후 내 명성이 시들고 인기가 사그라졌다. 달갑지 않게 거부와 실패가 첫 모습을 드러내자 나는 영적으로 내면의 폐허에 대처할 준비가 되어 있지 않았다. 외로움과 서글픔이 내 영혼에 파고들었다. 기분전환 거리를 찾는답시고 술병을 열었다. 체질적으로 알코올 중독에 걸릴 소양이 높던 나는 18개월 만에 술고래가 되었다. 나는 보화를 버렸고 내 삶의 단순한 성스러움에서 달아났다.

결국 나는 미네소타 해즐던에 가서 치료를 받았다. 술기운이 걷히자 나는 내가 갈 곳이 하나뿐임을 알았다. 나는 내 영혼 한가운데로 깊이 내려갔다. 가만히 있어 랍비의 심장박동에 귀 기울였다.

그 후로 현존하는 부활의식이 끊임없이 지속된 것은 아니다. 내 삶은 거룩함을 향한 중단 없는 상향 이동이 아니었다. 실패와 재발, 울화와 좌절, 높은 불안과 낮은 자존감의 시절들이 있었다. 기쁜 소식은, 그런 침체기가 갈수록 짧아진다는 것이다.

이렇게 내 이야기를 하는 취지는 무엇인가? 하나님이 성인들을 통해서만 일하신다는 강박관념에 사로잡혀 있는 이에게는 이것이 격려의 말이 된다. 베드로를 향해 "닭 울기 전에 네가 세 번 나를 모른다고 부인하리라" 하신 예수님의 예언의 말씀이 자신의 현실이 된 이에게는 이것이 해방의 말이 된다. 냉소와 냉담함과 절망에 빠져 있는 이에게는 이것이 희망의 말이 된다.

예수님은 어제나 오늘이나 영원토록 동일하시다(히 13:8). 그분은 베드로와 요한과 막달라 마리아를 대하신 그대로 우리를 대하신다. 열정의 회복은 보화의 가치를 재평가함으로써 시작되고, 위대하신 랍비의 손에 들려 그 심장에 기댐으로써 지속되며, 자신도 의식하지 못할 인격적 변화로 열매 맺는다.

거짓 자아는 그리스도 없는 자신의 억지 덕목이 허울 좋은 악임을 깨닫고 점점 작아진다. 당연한 일이다.

Fortitude and Fantasy 8

용기와 환상

앤서니 드멜로는 「사랑에 이르는 길」(*The Way to Love*)에서 단호히 말했다.

> 당신의 삶을 보라. 당신이 공허한 삶을 어떻게 사람들로 채워 왔는지 보라. 그 결과 사람들이 당신의 목을 죄고 있다. 그들이 칭찬과 비난으로 어떻게 당신의 행동을 지배하고 있는지 보라. 그들은 함께 있어 줌으로 당신의 고독을 달래 주고, 칭찬으로 당신의 기분을 띄워 주고, 비난과 거부로 당신을 수렁에 빠뜨리는 위력을 갖고 있다. 하루 중 깨어 있는 거의 모든 순간을 사람들—산 자든 죽은 자든—비위나 맞추고 호감을 주려고 하는 당신을 보라. 당신은 그들의 규범대로 살고, 그들의 기준에 동조하고, 그들이 함께 있어 주기를 바라고, 그들의 사랑을 탐하고, 그들의 조롱을 겁내고, 그들의 박수갈채를 갈망하고, 그들이 지우는 죄책감에 얌전히 굴한다. 옷 입고 말하고 행동하고 심지어 생각하는 방식까지 무서워서 당신은 유행을 거스르지 못한다. 당신이 그들을 통제하는 입장일 때조차도 얼마나 그들에게 좌우되며 속박되어 있는지 보라. 사람들의 영향이나 통제가 없는 삶은 상상조차 할 수 없을 정도로 그들은 아예 당신 존재의 일부로 굳어져 버렸다.[1]

요한복음에 보면, 유대인들이 믿지 못하는 것은 "서로 영광[칭찬]을 취하"기(5:44) 때문이다. 여기 그리스도를 믿는 참 믿음과 인간의 존경 사이의 근본적 양립 불가능성이 나타난다. 동료들의 칭찬이나 비웃음이 예수님의 인정보다 더 중요해진다.

앞서 말했듯이 내 성년기의 가장 큰 죄는 거부당할 것이 두려워 내 참 자아로서 생각하고 느끼고 행동하고 반응하는 삶을 비겁하게 저버린 것이다. 예수님을 더 이상 안 믿는다는 말이 아니다. 나는 지금도 그분을 믿지만 동료들의 압박이 내 믿음의 반경에 족쇄를 채웠다. 예수님을 더는 사랑하지 않는다는 말도 아니다. 나는 여전히 그분을 아주 많이 사랑하지만 다른 것들, 특히 내 가식적 이미지를 더 사랑할 때도 있다. 내 믿음과 예수님을 향한 사랑에 스스로 제한을 가하면 반드시 모종의 배반이 뒤따르게 되어 있다. 나는 겁먹은 사도들 틈에 끼어 함께 달아난다. "이에 제자들이 다 예수를 버리고 도망하니라"(마 26:56).

사람들의 의견이 내가 발설하는 말과 억누르는 말에 은근히 묵직한 압력을 가한다. 동료들의 폭정이 내가 내리는 결정과 피하는 결정을 지배한다. 나는 남들이 뭐라고 말할지 두렵다. 피터 반 브리멘(Peter G. van Breeman)도 그런 두려움을 고백했다.

이 비웃음의 두려움은 차라리 노골적 공격이나 대놓고 퍼붓는 가혹한 비난보다 더 보기 좋게 나를 마비시킨다. 사람들의 의견에 대한 우리의 두려움 때문에 내팽개쳐진 선(善)이 얼마나 많은가! 우리는 '남들이 뭐라고 말할까?'라는 그 생각 하나로 얼어붙는다. 이 모든 것의 아이러니는, 우리가 가장 두려워하는 의견이 정작 우리가 존경하는 이들의 의견이 아니라는 점이다. 그럼에도 그들은 우리가 인정하고 싶지 않을 만큼 우리 삶에 지대한 영향을 미친다. 동료들에 대한 이 힘 빠지는 두려움에서 무서운 적당주의가 나올 수 있다.[2]

자신이 사랑받는 자라는 신비를 거리낌 없이 인정하고 아바의 자녀로서 자신의 핵심 정체를 받아들일 때 우리는 통제적 관계로부터 서서히 자율을 얻는다. 우리는 외부 의존적이 아니라 내부 지향적이 된다. 사람들의 인정이나 박탈로 인한 일시적 쾌감이나 아픔은 절대 완전히 사라지지 않지만 그것이 자기배반을 유도하는 위력은 약화된다.

열정이란 흥분된 감정이 아니라 그리스도의 현존하는 부활의식에 무게중심을 두겠다는―사랑으로 불붙여진―굳센 결의요, 내 참 자아에 뿌리박고 살겠다는 일념이요, 충절의 대가를 치르겠다는 각오다. 복음에 역행하는 목소리들로 가득 찬 세상에서 내 독특한 자아를 내 것으로 삼는 데는 의연한 용기가 요구된다. 한없이 공허한 종교적 대화, 넘쳐나는 성경공부, 한가한 지적 호기심의 시대, 하찮은 것이 중요한 것으로 둔갑하는 이 시대에 용기 없는 지식이란 곧 파산이다. 심장의 생명과 일치되지 않을 때 믿음의 진리는 공허한 것이다. 13세기 신학자 파두아의 앤서니(Anthony of Padua)는 자신이 가르치던 매 수업을 이런 말로 시작했다. "사랑으로 바뀌지 않는 배움이 무슨 소용 있는가?"

쇠렌 키에르케고르(Sören Kierkegaard)는 성경과 신학지식 자체를 목표로 추구하는 행태를 날카로운 풍자로 이렇게 꼬집었다.

우리 교활한 사기꾼들은 마치 신약성경을 이해하지 못하는 것처럼 행동한다. 자신의 생활방식을 근본적으로 뜯어고쳐야 함을 너무나 잘 알고 있기 때문이다. 그래서 우리는 '종교 교육'과 '기독교 교리'를 만들어 냈다. 새 성구사전, 새 어휘사전, 몇 편의 새 주석, 세 가지 다른 번역본, 모두가 성경이 너무 이해하기 어렵기 때문이라고 한다. 어렵하겠는가. 맞습니다, 사랑하는 하나님. '학문적 교리'가 없다면 우리 모두ㅡ자본가, 관리, 사역자, 집주인, 거지, 사회 전체ㅡ는 길을 잃고 말 것입니다!³

예수님 삶의 한 가지 커다란 열정은 아버지였다. 그분은 마음속에 비밀을 품고 살았다. 그것이 그분을 위대하고 외롭게 만들었다.⁴ 사복음서 저자들은 예수께서 온전한 성품을 지키고자 당하신 상실, 자신의 열정과 인격과 사명에 충실하기 위해 치르신 대가를 잔혹하리만큼 우리 앞에 세세히 펼쳐 보인다. 그분의 가족들은 그분이 보호시설에 들어가야 한다고 생각했다(막 3:21). 그분의 별명은 먹기를 탐하고 포도주를 즐기는 자였다(눅 7:34). 종교 지도자들은 그분을 귀신들린 자로 여겼고(막 3:22) 구경꾼들은 그분께 욕설을 퍼부었다. 그분은 자신이 사랑하신 이들한테 멸시받았고, 패배자 취급당했고, 마을에서 쫓겨났고, 범죄자로 죽임당했다.

    종교적 동조와 정치적 정도(正道)에 대한 우리 문화의 압력은 우리를 요하네스 메츠(Johannes Metz)가 말한 '독특한 자의 빈곤'으로 몰아간다. 내가 이 책을 쓰고 있는 서재의 책상에는 토머스 머튼의 사진이 있는데, 그 밑에 이런 글귀가 들어 있다. "지금까지 말한 것은 다 잊어버려도 좋다. 이것만 두고두고 기억하면 된다. '지금부터 모든 사람은 자기 발로 선다.'"

독특한 자의 빈곤이란, 성품을 저버린 홍정만이 유일한 대안인 상황에서 철저히 홀로 서야 한다는 예수님의 부름이다. 그것은 내 참 자아의 속삭임에 대한 외로운 긍정이며, 친구와 공동체의 지원이 사라질 때도 내 핵심 정체를 고수하는 것이다. 그것은 내 참 자아—내가 보기에 옳은 모습이나 남들이 원하는 모습이 아니라—가 표출되는 인기 없는 결단을 내리겠다는 용감한 각오다. 그것은 실수도 감수할 만큼 예수님을 신뢰하는 것이요 그분의 생명이 내 안에 여전히 고동치고 있음을 십분 믿는 것이다. 그것은 타협 없이, 어떤 고통도 마다 않고 내 참 자아를 독특하고 신비로운 성품의 빈곤에 내어놓는 것이다.

한마디로 내 두 발로 선다는 것은 용감한 사랑의 행위일 때가 많다.

겁에 질린 거짓 자아는 조심성을 명분으로 우리에게 자신의 정체와 사명을 배반하게 만든다. 그 사명이 삶의 역경에 처한 친구 곁에 있어 주는 것이든, 비웃음을 감수하고라도 억눌린 자들과 한편이 되는 것이든, 불의 앞에서 침묵을 거부하는 것이든, 배우자에 대한 변함없는 충절이든, 겨울밤의 외로운 근무 배치든 무엇이든 말이다. 아울러 사람들의 목소리는 아우성친다. "풍파 일으키지 마. 남들 말하는 대로 말하고 남들 행동하는 대로 행동해. 양심을 재단해 올해의 유행에 맞춰. 로마에 가면 로마인들처럼 하는 거야. 괜히 눈살 찌푸리다 괴짜 취급당할 것 없잖아. 진정해. 넌 어차피 지게 돼 있어."

메츠는 이렇게 말했다.

이렇게 논박은 이어진다. 모든 사람을 무난하고 생각 없는 적당주의로 몰아가는 것이다. 그런 삶은 법 규정과 인습과 사회의 아첨에 덮여 보호받는다. 모든 활동에 칭찬을 원하면서도 익명의 세계로 숨어드는 것이 우리 사회다. 사실 그렇게 익명이 보장되는 곳에서 잃을 위험이 있는 것은 모든 것이되 아무것도 없다! 마음을 연 참된 인격적 헌신만 빼고 말이다. 그러나 그런 헌신에 내포된 빈곤의 대가를 치르지 않는 한 아무도 인간으로서 자신의 소명을 이룰 수 없다. 대가를 치를 때만 참 자아를 찾을 수 있다.[5]

인간의 존엄성 — 아무리 훼손된 것일지라도 — 의 진리를 위해 일어섰다가 이전의 동지들이 꽁무니를 뺄 뿐 아니라 내 용기에 대해서조차 이의를 다는 모습을 본 사람이라면, 누구나 독특한 자의 빈곤과 고독을 느끼게 마련이다. 작아 보이는 문제에까지 양심의 절대적 음성에 따르고자 고생길을 택하는 이들에게 날마다 일어나는 일이다. 그들은 자신이 홀로 서 있음을 본다. 이런 책임을 즐거워하는 남녀를 나는 아직 만나 보지 못했다.

그리스도의 현존하는 부활을 깊이 의식하는 정도가 곧 진리를 위해 일어서고 타인들의 비난을 이겨 낼 수 있는 우리의 역량이다. 진리를 향한 열정이 깊어 갈수록 사람들의 말과 생각과 여론에 점차 무심해진다. 우리는 더 이상 군중에 휩쓸리거나 사람들의 의견을 흉내 낼 수 없다. "안심하라, 나니 두려워하지 말라"는 내면의 음성은 아무런 안전도 없는 곳에 바로 우리의 안전이 있음을 확인시켜 준다. 내 발로 서서 내 독특한 자아의 책임을 떠맡을 때 우리는 인격적 자율과 용기가 자라면서 인간의 칭찬이라는 속박에서 점차 해방된다.

아일랜드 술집들에 떠도는 한 이야기에 이 해방의 정신이 잘 담겨 있다. 어느 관광객이 아일랜드 벽지의 시골길을 탐사하고 있었다. 그는 길을 잃는 모험이 싫어 차 안에 앉아 마을 사람이 나올 때까지 기다리기로 했다. 한참 시간이 지나자 마을 사람 하나가 자전거를 타고 왔다. 관광객은 반갑게 인사한 뒤 말했다. "패디, 만나서 반갑습니다. 이 길들 가운데 어느 길로 가야 다시 마을에 닿는지 알고 싶습니다."

"내 이름이 패디인 줄 어떻게 알았습니까?" 마을 사람이 물었다.

"그냥 짐작해 본 것뿐입니다." 관광객이 대답했다.

"그렇다면 어느 길이 맞는지도 짐작하실 수 있겠군요!" 마을 사람은 그렇게 말하고는 화내며 사라졌다.[6]

지난 20년간 심리학과 종교는 **행위**보다 **존재**가 중요함을 강하게 역설해 왔다. 우리는 목사와 상담자와 이웃집 사람으로부터 "당신이 뭘 **하는가**가 아니라 **어떤 사람인가**가 중요하다"는 말을 자주 듣는다. 이 말에는 분명 진리의 요소가 있다. 하나님 안에서 내 됨됨이가 궁극적으로 중요하다. 내가 **어떤 사람인가**가 내가 무엇을 **하는가**, 뭐라고 말하는가, 어떤 성격과 특성을 **지녔는가**보다 중요하다.[7]

종교계의 경우 우리는 행위의 이단, 곧 의식행위의 끝없는 반복에 대한 바리새인적 집착을 단호히 배격해 왔다. 그런 것들은 진정한 종교에 역행하는 것이다. 우리는 직업이나 사역에서 정체감을 찾아서는 안 된다고 배웠다. 노화나 질병이나 은퇴를 통해 처지가 변하면 자신이 쓸모없고 무가치하게 느껴지며 자아 정체가 아리송해질 것이기 때문이다. 우리는 거룩함을 행위와 동등시하는 기독교 문화를 거부한다. 지역 교회에서 명예를 주거나 거두는 행위가 종종 모호한 실적에 근거한다는 것을 우리는 안다.

다시 말하지만 여기에는 부인할 수 없는 지혜가 있다. 종교행위를 바탕으로 자아상을 형성하려는 성향은 자기의의 환상으로 이어지기 십상이다. 자아인식이 식당봉사, 환경의식 고취, 신앙교육 등 특정 직무와 연계될 때 우리는 인생에 기능적 접근을 취하는 것이다. 일이 중심 가치가 된다. 우리는 참 자아를 놓친다. 인간의 실체, 곧 신기한 존엄성과 그래봐야 흙인 재료 사이의 복된 만남을 놓치는 것이다.

그러나…….

지금까지 말한 내용의 진리를 인정하면서도 동시에 단언하고 싶은 말이 있다. 그리스도 안에서 내 **됨됨이**의 궁극적 실체를 가장 결정적으로 가장 잘 표출해 주는 것은 무엇보다 내 **행위**일 수 있다. 피나는 노력으로 의의 점수를 쌓아 올려 천국잔치에 자리를 따내야 한다는 말이 아니다. 다만 우리가 어떤 사람인가 하는 것은 좀처럼 파악하기 어려운 문제다. 인간 심리를 아무리 정교하게 치유적으로 탐색한다 해도 마찬가지다.

믿음으로 우리는 자신이 아바의 사랑받는 자녀임을 안다. 믿음으로 우리는 예수님의 현존하는 부활을 깨우친다. 그러나 세바스천 무어

(Sebastian Moore)의 말대로 "종교에는 언제나 내가 하나님의 사랑 이야기를 지어냈을지도 모른다는 두려움이 도사리고 있다."[8] 참된 믿음이 있으면 하나님의 사랑을 알게 되고 예수님을 주로 고백하며 지식이 삶의 변화로 나타난다.

한 할머니가 중병으로 병원에 누워 있었다. 가장 친한 친구가 이사야 25:6-9을 큰소리로 읽어 주었다. 환자 할머니는 신앙의 위안과 도움을 바라며 친구에게 손을 잡아 달라고 했다. 병상 맞은편에서 할머니의 남편이 그녀의 반대편 손을 잡아 주려 손을 내밀었다. 그는 아주 독실한 신앙인으로 자처하면서 자동차 범퍼에 '예수님을 사랑하는 자, 경적을 울려라'는 스티커를 붙이고 다니는, 자신의 용기를 스스로 대견해 하는 사람이었다. 할머니는 손을 빼면서 아주 구슬프게 말했다. "허버트, 당신은 신자가 아니에요. 40년간의 결혼생활 동안 당신이 보여 준 잔인함과 냉담함이 당신의 신앙이 환상임을 보여 주었어요."

당신한테 고의로 불량품을 팔아넘긴 중고차 세일즈맨을 당신이 죽도록 싫어한다고 해보자. 그가 심장발작으로 병원에서 회복중이라는 소식이 당신에게 들려온다. 당신은 세일즈맨의 아내에게 전화해 기도하고 있다고 위로하고는 병원으로 문병 가서 집에서 만든 쿠키와 회복을 비는 카드를 침대 옆 탁자에 두고 온다. 당신은 여전히 그가 싫고 그의 음흉한 상술이 못마땅하지만, 그럼에도 감정을 초월해 큰 친절을 베풀었다. 그날 밤 잠자리에 누울 때 당신이 굳이 후자(친절 행위)보다 전자(싫은 감정)에 집착해야 할 까닭은 무엇인가? 이 경우 당신이 어떻게 **했는가**가 당신이 어떤 **사람인가**보다 더 중요하다.

사이먼 터그웰은 말했다. "우리 심리의 막후에서 벌어지는 일보다 우리의 행위가 훨씬 더 여러모로 요긴하고 실속 있을 수 있다. 그것이 하나님 안의 우리 존재에 훨씬 더 중요할 수 있다. 그분의 참 목표가 그것을 통해 표현될 수 있기 때문이다. 내 목표라고 밝히 내세울 만한 것은 제대로 표현되지 않더라도 말이다."[9]

이렇게 항변할 이들도 있을 것이다. "하지만 그 세일즈맨을 병문안하는 것은 거짓이고 가식이고 위선이다." 나는 말하건대, 그것은 존재에 대한 행위의 승리다. 예수님은 "너희 원수를 사랑하고 너희를 미워하는 자를 **선대하라**"고 하셨으므로, 나는 그분이 우리에게 위선을 명하셨다고 보지는 않는다.

사랑의 행위를 이론적 개념으로 대치하면 삶에 안전거리가 확보된다. 이것이 **행위**보다 **존재**를 강조하는 일의 어두운 측면이다. 예수께서 당대의 종교적 엘리트 집단에게 퍼부으신 비난이 바로 그것이 아니던가?

그리스도인의 헌신은 추상적 개념이 아니다. 그것은 세상을 살아가는 용감하고 강력한 구체적·가시적 존재양식이며, 그 존재양식은 내면의 진리에 부합된 매일의 선택들을 통해 빚어진다. 겸손한 봉사, 고난의 제자도, 창의적 사랑으로 가시화하지 않는 헌신은 환상이다. 예수 그리스도는 환상을 못 참으시며, 세상은 추상적 개념에 흥미가 없다. "나의 이 말을 듣고 행하지 아니하는 자는 그 집을 모래 위에 지은 어리석은 사람 같으리니"(마 7:26). 우리가 위대하신 랍비의 이 말씀을 그냥 지나친다면 영적 삶이란 한낱 **환상**에 지나지 않을 것이다.

말하는 자, 특히 하나님께 말하는 자는 큰 영향을 미칠 수 있다. 그러나 행하는 자야말로 정말 진심을 드러내는 것이며 따라서 마땅히 사람들의 마음을 더 얻게 되어 있다. 상대가 정말 무엇을 믿는지 알고 싶거든 그의 말만 들을 것이 아니라 그의 행동을 보면 된다.[10]

어느 날 예수님은 자신이 의인을 부르러 온 것이 아니라 죄인을 부르러 오셨다고 공표하셨다. 그러고는 삭개오라는 악명 높은 공공연한 죄인과 함께 음식을 드셨다. 식탁의 교제를 통해 예수님은, 무차별의 사랑으로 의로운 자에게나 불의한 자에게나 한결같이 비를 내리시는 아버지를 향한 자신의 열정을 표출했다. 죄인들을 식사에 동참케 하심은 구속하시는 하나님의 자비로운 사랑에 대한 극적 표현이다.

예수님은 행위로 자신의 말을 뒷받침했다. 그분은 권위 인물들에 기죽지 않으셨다. 죄인의 집에 들어감으로써 율법을 어겼다는 무리의 구설수에도 동요하지 않으셨다. 예수님은 인간을 사랑하는 데 필요하다면 전통의 율법도 어기셨다.

바리새인들도 마지못해 예수님의 순전한 마음을 인정할 수밖에 없었다. "선생님이여, 우리가 아노니 당신은 참되시고 아무도 꺼리는 일이 없으시니 이는 사람을 외모로 보지 않고 오직 진리로써 하나님의 도를 가르치심이니이다"(막 12:14). 비록 그분을 책잡으려는 술수이기는 했지만 이 인정은 예수께서 듣는 이들에게 미치신 영향에 대해 시사하는 바가 크다. 순전한 삶은 빈정대는 사람들한테까지 예언적 영향력을 미친다.

그렇다. 진정 그분은 팔레스타인의 어느 누구와도 다른 랍비였다. 그분은 훌륭한 스승 밑에서 공부하신 적도 없었다. 학위도 없었다. 그분은 평신도였고 교육받지 못한 갈릴리 촌사람이었다. 그러나 그분의 말씀에는 권위가 쩌렁쩌렁 울렸다. 그분은 위대하신 랍비였다. 인성과 신성이 그렇듯 존재와 행위가 하나였기 때문이다.

지상사역 중 예수님은 "인자가 온 것은 섬김을 받으려 함이 아니라 도리어 섬기려 함이니라"고 말씀하신 적도 있다. 죽으시기 전날 밤 예수님은 겉옷을 벗고 허리에 수건을 두르고 구리대야에 물을 부으신 다음 제자들의 발을 씻겨 주셨다. 예루살렘 성경에는 그것이 노예의 옷차림과 직무였다고 나와 있다.

프랑스 신학자 이브 콩가르(Yves Congar)는 이렇게 말했다. "예수님의 계시는 그분의 가르침에만 들어 있지 않다. 그것은 그분의 **행위**에도 들어 있다. 아니, 그분의 행위에 주로 들어 있다고 말해야 하리라. 말씀이 우리의 육신을 입고 오신 것, 하나님이 종의 지위를 받아들이신 것, 제자들의 발을 씻겨 주신 것, 이 모든 것에 계시의 힘과 하나님께 대한 계시가 들어 있다."[11]

하나님께서 종이 되시다니 심오한 신비다. 하나님께서 섬김을 통해 알려지기 원하신다는 사실을 아주 구체적으로 보여 주는 대목이다. 하나님의 자기계시란 그런 것이다. 그래서 예수님은 세상 끝 날, 자신이 영광 중에 다시 오실 것을 이르며 이렇게 말씀하신다. "주인이 와서 깨어 있는 것을 보면 그 종들은 복이 있으리로다. 내가 진실로 너희에게 이르노니 **주인이 띠를 띠고 그 종들을 자리에 앉히고 나아와 수종들리라**"(눅 12:37).

예수님은 종이 되심으로 주님으로 남는다.

사랑받는 제자 요한은 메시아가 어떤 분이고 제자도가 무엇인지에 대한 이전의 모든 개념을 대수롭지 않게 여긴 채 전혀 다른 하나님의 모습을 제시하고 있다. 얼마나 통쾌하고 유례없는 세상 가치관의 전복인가! 집안의 주인이 아닌 종의 자리를 택하는 것은 상향이동 문화 속의 하향이동의 길이다. 특권과 명예와 인정의 우상을 비웃는 것, 자신을 대단하게 생각하지 않는 것, 자신을 대단하게 생각하는 자들을 대단하게 생각하지 않는 것, 다른 북소리에 맞춰 춤추는 것, 종의 생활방식을 거침없이 받아들이는 것, 이런 것들이 진정한 제자도의 특징적 태도다.

요한이 철저한 리얼리즘으로 그려 낸 그리스도상은 낭만적 이상주의나 질척한 감상주의의 여지를 남기지 않는다. 종의 도는 감정이나 기분이나 느낌이 아니라 예수님처럼 살겠다는 결단이다. 그것은 우리 기분과 아무 상관이 없고 우리의 행위, 곧 겸손한 봉사와 전적으로 상관이 있다. "내가 주와 또는 선생이 되어 너희 발을 씻었으니 너희도 서로 발을 씻어 주는 것이 옳으니라" 하신 예수님의 말씀을 듣고 순종하는 것이야말로 요한이 알고 사랑했던 랍비의 심장박동을 듣는 일이다.

존재와 행위가 분리될 때 경건한 사고는 더러운 발을 씻은 일의 그럴듯한 대용품이 된다.

종의 생활방식으로의 부름은 큰 자에 대한 세상의 기준에 미혹되지 말라는 경고이자 동시에 용감한 믿음을 부르는 소환장이다. 발 씻는 경험에 동참하는 우리에게 예수님은 직접 말을 거신다. 우리 눈빛을 쳐다보시고 우리의 전폭적 관심을 요구하시며 그분은 이렇게 엄청난 선포를 발하신다. "하나님이 어떤 분인지 알고 싶거든 나를 봐라. 네 하나님께서 지배하러 오시지 않고 섬기러 오신 것을 알고 싶거든 나를 봐라. 하나님의 사랑 이야기를 네가 지어낸 것이 아님을 확신하고 싶거든 내 심장박동을 들어라."

자신에 대한 그분의 이 타협할 수 없는 강력한 주장이야말로 우리가 붙잡고 씨름해야 할 핵심 개념이다.[12] 아무도 우리 대신 말해 줄 수 없다. "예수님이 주님이시다"는 고백의 심각한 의미 속에는 제자도의 대가, 신뢰의 절대적 의미, 무엇과도 바꿀 수 없는 용기의 중요성이 내포되어 있다. 예수님도 그것을 아셨다. 다락방에서 몸을 굽히신 종 이외의 다른 신의 이미지에 집착하는 한, 성육신—영원의 커튼을 걷고 인간 예수의 몸으로 인류 역사 속에 들어오신 하나님의 거대한 신비—에 대한 우리의 믿음은 환상일 뿐이다.

삶의 풍랑에 휩쓸려 믿음이 흔들리고 용기가 사라질 때면 나는 마태복음 14:22-33을 펴곤 한다. 예수님은 폭풍에 휘말린 제자들을 보신다. 시간은 새벽 3시에서 6시 사이였다. 그분은 바다 위로 걸어 그들에게 가신다. 그들은 무섭고 겁이 나 "유령!"이라고 소리친다. 그러자 예수님은 "안심하라! 나니 두려워하지 말라"고 말씀하신다.

베드로는 그 음성을 시험해 보기로 한다. 무모하다 할 수밖에 없는 일이다. "주여, 만일 주님이시거든 나를 명하사 물 위로 오라 하소서." 두려워 흔들리는 '만일'의 믿음은 베드로가 예수께로 걷기 시작하는 순간, 금세 걷잡을 수 없는 공포로 변한다.

예수께서 교회를 세우실 반석이 돌멩이처럼 가라앉는 모습에 나는 위안을 느낀다(병적 즐거움인가).

새 천년을 앞둔 마지막은 종말론적 공포가 무르익은 시기다. 서기 2000년이 속속 다가오고 있는 지금, 재림 날짜를 계산하는 파들에 임박한 말세를 예언하는 종말론 강사들이 가세하고 있다. 그들은 나름대로 보스니아 인종학살과 1993년 중서부 대홍수 같은 재난을 근거로 내세운다. 그들은 요한계시록에 나오는 상징들을 역사의 구체적 사건들과 연결 지으려 한다. 그러고는 지구촌에 위험이 임박했으며 곧 있으면 인류의 모험이 끝장날 것이라고 예언한다.

인간 역사가 막바지에 이르렀고 인류의 멸망이 임박했다는 무시무시한 결말에 대해서는 종말론 강사들과 날짜를 따지는 집단의 말이 옳을 수 있다. 정말로 현 세대의 악은, 가공할 파멸과 진기한 승리로 화끈한 절정을 가져오실 하나님의 최종 개입에 대한 결정적 징후로 해석될 수도 있다. 반면에 예수님 자신도 날과 때를 모른다고 하셨기에(마 24:36) 그것은 완전히 그들의 착각일 수도 있다.

종말론에는 인간의 마음을 사로잡는 병적인 마력이 있다. 종말의식을 싹틔운 상황들이 사라져도 종말론은 그대로 살아남는다. 이전의 모든 예언들의 무덤 위로 여전히 말세를 예언하는 집단들이 항상 있다. 문자에 집착하는 이들에게 상징은 언제나 위험하다. 과장된 종말 이미지일수록 다른 것보다 문자적으로 받아들여지는 성향이 높다. 그러나 종말론을 너무 심각하게 대하는 성향은 종말론 자체의 내재적 결함 때문이 아니라 인간 마음의 질병 때문이다.

인간에게는 하나님의 눈 밖에 나는 것에 대한 본능적 두려움이 있기 때문에 거기에 편승하는 거짓 선지자들은 앞으로도 넘쳐 날 것이다. 그들은 공포감을 부추겨 사람들을 무모한 신앙으로 몰아간다. 랍비의 심장박동에 귀 기울일 때 우리는 "내가 이미 너희에게 다 한 얘기다. 쉿! 가만히 있어라. 내가 여기 있다. 괜찮다"는 말에 안심하게 된다.

최후 운명을 생각하며 동요하는 종말의 때에 예수님은 우리에게 깨어 있어 근신하라고 명하신다. 묵시의 대기실에서 열리는 예언가들과 토크쇼 기인들의 엄숙한 회의가 TV에 방영될 때 우리는 그들을 삼가야 한다. 우리는 바르게 행하고 따뜻이 사랑하며 겸손히 하나님과 동행하면 된다(미 6:8). 날마다 자신이 사랑받는 자임을 주장하며 현존하는 부활의식 속에 종으로 살아가면 된다. 우리는 자신의 사리사욕을 위해 사람들의 충절을 조작하는 사기꾼들과 자칭 선견자들을 바라보지 않는다.

유럽의 우수 신학자로 에라스무스 상을 받은 에드워드 쉴레벡스는 이렇게 말했다.

그러므로 예수님 당시 도처에서 들려왔고 신약성경에서 제자들도 예수님께 여쭈었던 "주여, 어느 때에 끝이 오겠으며 무슨 징조가 있으리이까?"라는 질문에 대한 단 하나의 정확하고 충분한 답은 이것이다. "그런 일로 고민할 것이 아니라 그리스도인으로서 하나님 나라의 실천 원리대로 일상을 살아가라. 그러면 하나님 자신의 자유의 통치 외에는 어떤 일도 예기치 않게 닥칠 수 없다.…… 현재 당신이 밭에서 일하든 옥수수를 빻든, 사제든 교수든 요리사든 짐꾼이든 연금으로 살아가는 노인이든 그것은 중요하지 않다. 중요한 것은 본래적으로 온 인류를 사랑하시는 하나님의 복음의 빛에 비춰 볼 때 당신의 삶이 어떻게 보이느냐는 것이다."[13]

로버트 앨트먼(Robert Altman) 감독의 '플레이어'(The Players)라는 영화는 탐욕, 거래, 성공을 떠받드는 세계를 섬뜩하게 그려 낸 작품이다. 영화산업 자체를 풍자한 이 영화는 무책임한 부와 권력을 묵인하고, 수익성 없는 독창성을 경멸하며, 사리사욕을 신성시한다. 결론은 하나다. 할리우드가 우리 모두의 축소판, 곧 근친상간식 사욕에 절여진 사회라는 것이 앨트먼의 메시지다.

인간 심리의 한 가지 이해할 수 없는 특성은, 인생을 영원에 비추어 보기를 거부하면서 인간의 가치 있는 투자를 비합리적으로 판단하는 능력이다. 허황하게 떠벌리는 약물 중독자든 자신을 중요하게 아는 일 중독자든 사욕에 어두운 영화의 거장이든 자기 계획과 사업에 취한 보통 사람이든, 모두가 합세하여 무적의 환상 또는 어니스트 베커(Ernest Becker)가 말한 '죽음에 대한 부정'을 엮어 내고 있다.

죽음에 대한 모든 책과 설교 가운데 직접 경험에서 나온 것은 하나도 없다. 물론 죽음의 불가피성을 머리로 의심하는 사람은 아무도 없다. 어느 날 닥쳐올 죽음을 부정한다는 것은 글자 그대로 **환상**임을 우리 조상들의 침묵의 증거가 말해 주고 있다. 그럼에도 불구하고 죽음에 대한 깊은 인식을 신자들 중에서도 좀처럼 찾아보기 어렵다. 현재의 실체와 영원 사이의 막(幕)을 과학의 휘장으로 보는 이들도 있다. 즉 죽음이란 머잖아 의학으로 정복될 마지막 질병일 뿐이라는 것이다. 그런가 하면 유명한 의학잡지에 실린 어느 의사의 말로 대변되는 시각도 있다. "내 생각에 죽음이란 모욕이다. 인간에게 일어날 수 있는 가장 멍청하고 흉물스런 일이다."[14] 즉 죽음이란 달갑지 않은 잔혹한 방해물이므로 무시하는 것이 상책이다. 많은 이들의 경우 사랑하는 사람과의 사별은 말할 수 없이 괴로운 일이다. 그러나 정신없이 바쁜 삶과 현재 당면한 일들 때문에, 장례식장에서 잠깐 스쳐 가는 생각 외에는 내가 어디서 와서 어디로 가는지 진지하게 생각해 볼 시간조차 없는 이들이 대부분이다.

서구 수도원 운동의 창시자 성 베네딕트는 "날마다 눈앞에 자신의 죽음을 두고 살라"는 뼈아픈 충고를 들려준다. 그것은 병적으로 살라는 권고가 아니라 믿음과 용기에 대한 도전이다. 인생의 이 기본 사실에 부딪치지 않는 한, 파커 팔머의 말대로 가치 있게 말할 영성이란 존재할 수 없다.

나는 죽음에 대한 두려움과 기대 사이를 왔다갔다 한다. 나는 삶이 가장 두려울 때 죽음도 가장 두렵다. 자신이 사랑받는 자임을 의식하고 예수님의 현존하는 부활에 깨어 있을 때면 나는 죽음에 용감히 마주 설 수 있다. "내게 사는 것이 그리스도니 죽는 것도 유익"하다고 고백했던 (빌 1:21) 바울의 자랑이 내 것이 된다. 그리스도인의 참된 긴장은 삶과 죽음 사이에 있지 않고 삶과 삶 사이에 있음을 두려움 없이 인정할 수 있다. 죽기 전날 밤 위대한 랍비가 남긴 "내가 살아 있고 너희도 살아 있음이라"(요 14:19)는 말씀을 당당히 수긍할 수 있다. 무엇보다 그분이 나를 말없이 자신의 심장에 댈 때 나는 버림받는 공포까지도 수용할 수 있다.

그러나 밤이 칠흑 같이 어둡고 거짓 자아가 사납게 날뛰면서 '나는 참 잘해 왔다. 나는 꼭 필요한 존재다. 나는 사람들의 인정 속에 안전하다. 내가 종교계에서 뛴 것은 놀라운 일이다. 나는 해외휴가를 즐길 자격이 있다. 내 가족들은 나를 자랑스러워 한다. 내 미래는 영광스러워 보인다'는 생각이 들 때면 나는 들판에 오르는 안개처럼 갑자기 죽음에 대한 생각에 휩싸인다. 그때 나는 두렵다. 부활에 관한 내 모든 기독교적 슬로건과 대화 이면에 잔뜩 겁에 질린 한 인간이 숨어 있음을 나는 안다. 몽상에 취한 나는 외롭게도 혼자다. 로버트 앨트먼의 연기자들 대열에 나도 들어선 것이다. 수용소를 탈출한 재소자처럼 나는 무적의 환상 속으로 도피한다.

당신의 건강 내력을 잘 아는 명의가 당신에게 24시간 시한부 생명을 선고했다고 하자. 다른 의사에게 확인했으나 결과는 같았다. 세 번째 진찰 결과도 앞의 두 경우와 일치했다.

저승사자의 발자국 소리가 들릴 때 우리의 현실 인식은 완전히 달라진다. 모래시계의 모래알처럼 빠져나가는 소중한 시간 앞에 우리는 즉시 모든 소소하고 주변적인 것을 밀쳐 두고 궁극적으로 중요한 일에 집중한다. 새뮤얼 존슨(Samuel Johnson)은 "교수형에 처해질 것을 생각할 때 인간의 마음에 놀라운 집중력이 생긴다"고 말한 바 있다. 물론 처음에는 공포에 질릴 수 있지만 울어 봐야 아까운 시간만 허비할 뿐임을 우리는 금방 깨닫는다.

아이리스 머독(Iris Murdoch)의 소설 중 한계상황에 처한 남자를 그린 작품이 있다. 남은 시간이 줄어들고 있다. 그는 물이 허리까지 차는 동굴에 갇혀 있다. 곧 만조가 밀려와 동굴을 덮어 버릴 것이다. 그는 생각한다. "여기서 빠져나간다면 다시는 인간을 판단하지 않겠다.……판단자가 되지 않겠다. 잘난 척하지 않겠다. 힘을 행사하지 않겠다. 구하고 구하고 또 구하지 않겠다. 사랑하고 화해하고 용서하는 것, 그것만이 중요하다. 모든 권력은 죄다. 모든 법은 덧없는 것이다. 사랑만이 유일한 정의다. 법이 아니라 용서와 화해다."[15]

죽음에 대한 부정은 예수님의 제자로서 건강한 대안이 못된다. 오늘의 문제들 앞에 비관론에 빠지는 것도 마찬가지다. 마지막 하루처럼 24시간 단위로 살아간다면 우선순위가 대폭 바뀐다. 어차피 바뀔 수 없는 부분에 대한 건강한 체념도 있지만 그뿐만이 아니다. 시련과 환난 앞에서 내 삶은 금욕적 굴종이 아니다. 나는 삶의 끝인 죽음에 대해 단호히 절망을 거부한다. 그리고 난공불락처럼 보이는 삶 속의 문제에 대해서는 생명을 다해 승부한다. 부활하신 예수님의 무적의 능력, 곧 믿는 **우리에게 베푸신 지극히 크신 능력**(엡 1:19)에 대한 소망이 있기에 그런 거부와 승부가 활력을 띤다.

우리는 생사의 문제로 겁먹고 주눅 들지 않는다. 자신의 보잘것없는 자원에 의지할 수밖에 없다면 우리는 정말 불쌍한 자들일 것이다. 그러나 우리보다 큰 생명이 우리를 떠받쳐 지탱하고 있음을 그리스도의 현존하는 부활의식이 우리에게 일깨워 준다. 우리는 그리스도께 자신을 맡김으로 그분 안에서 담대히 악에 직면할 수 있을 뿐 아니라 내게 계속 회심이 필요하다는 사실, 사람들의 사랑 없는 모습, 우리 주변과 신앙 유산에 깃들인 세상 죄의 총체적 흔적을 받아들일 수 있다. 그것이 소망이다. 나아가 우리는 삶과 우리 앞의 거대한 과제—바울의 말로 "우리의 이기적 정욕을 죽이는 것"—에 부딪칠 수 있듯이 그렇게 죽음에도 부딪칠 수 있다.

영광의 소망으로 우리 안에 계신 그리스도는 신학적 논쟁이나 철학적 사색의 대상이 아니다. 그분은 취미나 시간제 프로젝트나 괜찮은 집필 주제가 아니다. 인간의 모든 노력이 허사로 돌아갈 때 마지막으로 붙잡는 지푸라기도 아니다. 그분은 우리의 삶이다. 우리에 관한 가장 리얼한 사실이다. 그분은 우리 안에 거하시는 하나님의 능력과 지혜다.

윌리엄 존스턴(William Johnston)은 도쿄 소피아 대학교의 박학하고 연로한 묵상을 즐기는 교수다. 기도원을 설립하려는 한 후배에게 준 편지에서 그는 "자네의 의식에서 죽음에 대한 생각을 절대 버리지 말라"고 힘주어 말했다.[16] 환상을 버리고 용기의 삶을 택하려는 담대한 영혼들에게 나는 이렇게 덧붙이고 싶다. "현존하는 부활의식을 절대 일부러 버리지 말라. 이 책을 마치는 이 순간, 잠시 랍비의 심장박동에 귀 기울여 보라."

The Rabbi's Heartbeat 9
랍비의 심장박동

하나님은 사랑이시다. 예수님은 하나님이시다. 예수님이 사랑하는 것을 멈춘다면 더 이상 하나님이 아닐 것이다.

현대의 많은 영성서적들이 이 주제를 아주 명확하고 심도 있게 다루었다. 하나님의 무조건적 사랑이야말로 무수히 많은 책과 기사와 설교와 수련회의 중심사상이다. 한계와 조심과 극한을 모르는 무한한 사랑에 대한 언급은 그리스도인 상담자의 사무실, 설교자의 강단, 신학자의 교실, 앤드류 그릴리(Andrew Greeley)의 소설 등 어디에나 넘쳐 난다. 몇 가지만 예를 들면 이렇다.

하나님의 사랑은 잔잔한 호의가 아니라 삼키는 불이다.

―비드 그리피스(Bede Griffiths)

하나님의 사랑은 조건이 없다. 하나님의 사랑에 자격을 갖추기 위해 우리가 할 수 있는 일이란 아무것도 **없다**. 그래서 그것을 은혜라 한다. 그 사랑을 유발하기 위해 우리는 어떤 일도 할 필요가 없다. 그 사랑은 이미 거기 있다. 남을 구하려는 사랑은, 모름지기 절대 무조건적이고 값없는 이런 사랑이라야 한다.

―베아트리스 브루토

참된 종교체험에 이르는 열쇠 중 하나는, 우리가 자신한테는 아무리 미워도 하나님한테는 밉지 않다는 충격적 깨달음이다. 이것을 깨달을 때 우리의 사랑과 그분의 사랑의 차이를 이해할 수 있다. 우리의 사랑이 필요성이라면 그분의 사랑은 선물이다. —토머스 머튼

잘못된 허상의 하나님관은……그분은 내가 착할 때는 은혜를 주시지만 내가 나쁠 때는 가차 없이 벌하시는 분으로 본다. 이것은 족장시대의 전형적 하나님관이다. 그분은 죄에 깊이 빠진 사람들을 보시고 그들을 지으신 것을 한탄하시며 멸하기로 작정하시는 노아의 하나님이다. 그분은 자신을 원망한 백성들을 뱀을 보내 물게 하시는 광야의 하나님이다. 그분은 필시 교만한 동기로 제국에 인구조사를 실시한 왕 때문에 백성을 사실상 절단 내신 다윗의 하나님이다. 그분은 죄로 촉발된 자신의 의분을 가라앉히려 아들의 피를 마지막 한 방울까지 뽑아 내시는 하나님이다. 은혜와 진노 사이로 기분이 오락가락하시는 하나님, 지금도 수많은 그리스도인들에게 너무도 친숙한 하나님, 이것은 참 하나님의 사이비 초상이다. 그런 하나님은 존재하지 않는다. 그것은 예수께서 우리에게 계시해 주신 하나님이 아니다. 예수께서 "아바"라 부르신 하나님이 아니다. —윌리엄 섀넌(William Shannon)

복음서 외적인 이 명쾌한 말들에는 요한복음에 나오는 위대하신 랍비의 말씀이 충실히 반영되어 있다.

• 사람이 친구를 위하여 자기 목숨을 버리면 이보다 더 큰 사랑이 없나

니 (15:13).
- 내가 너희를 위하여 아버지께 구하겠다 하는 말이 아니니 이는……아버지께서 친히 너희를 사랑하심이니라(16:26-27).
- 내가 너희를 고아와 같이 버려두지 아니하고(14:18).
- 나를 사랑하는 자는 내 아버지께 사랑을 받을 것이요 나도 그를 사랑하여 그에게 나를 나타내리라(14:21).
- 내가 다시 너희를 보리니 너희 마음이 기쁠 것이요(16:22).

이 놀라운 계시에 대한 우리의 반응은 저마다 다 다르다. 우선 "하나님이 당신을 마땅히 되어야 할 모습이 아니라 있는 그대로 사랑하신다"는 말을 듣고, "그것은 위험한 가르침이다. 안일을 부추기고 도덕적 해이와 영적 나태를 부른다"고 말하는 사람이 있다. 두 번째 사람은 이렇게 반응한다. "그래, 하나님은 나를 있는 그대로 사랑하시지만 나를 너무 사랑하시기에 이대로 두시지 않을 것이다."

세 번째 반응은 종교를 장난삼아 대하는 사람의 초연한 관점에서 나온다. 예수님의 자기계시에 대한 그의 반응은 "아주 재미있군"이다. 유진 피터슨(Eugene Peterson)은 이런 사고방식을 가진 이들에게 날카롭게 반박한다. "성경은 오락을 위한 것이 아니다. 기분 전환을 위한 것도 아니다. 문화를 위한 것도 아니다. 미래의 비밀을 여는 열쇠도 아니다. 종교적 아마추어의 흥미를 끄는 수수께끼도 아니다."[1]

네 번째 반응은 냉소적인 것이다. "전부 말, 말, 말뿐이야. 말이야 좋지." 냉소주의자는 모든 것을 뒤집는다. 해 아래 진실하고 선하고 아름다운 것이란 하나도 없다. 사실 냉소주의자란 상처받은 감상주의자의 이면에 다름 아니다. 산타클로스란 없다. "다시는 아무도 안 믿어." "결혼하기 전에는 사랑의 정체를 몰랐어. 이제 너무 늦었어." 긴 세월 세 아들과 소원하게 지낸 아버지에게 누군가가 아이들이 얼마나 좋으냐고 물었다. 그는 W. C. 필즈(Fields)의 말을 인용해 답했다. "얼어죽을!"

냉소주의자는 성적 사랑에서 정욕을 본다. 희생과 헌신에서 죄의식을 본다. 자비에서 생색을 본다. 정치 수완에서 조작을 본다. 지성의 힘에서 합리화를 본다. 평화로움에서 권태를 본다. 친절함에서 꿍꿍이속을 본다. 우정에서 기회주의를 본다. 노인이 활동적이면 망조다. 젊은이가 발랄하면 미숙한 것이다. 중년의 안정은 권태다.[2]

그러나 가장 환멸에 빠진 냉소주의자에게도 뭔가 진실하고 선하고 아름다운 것에 대한 사무친 그리움은 남아 있다.

끝으로, 진실한 제자들 중에 하나님의 말씀을 열심히 듣되 신기하게도 변하지 않는 이들이 있다. 말씀은 그들에게 하나님에 **관해** 알려 줄 뿐 하나님을 **아는** 지식으로 그들을 끌어들이지는 못한다. "생각과 표현이 멋있고 감동적이다"가 그들의 반응이다. 그러나 거기서 멈춘다는 것이 문제다. 끝없는 합리적 분석이 결정적 헌신을 대신한다.

그들은 말씀에 머리는 쓰지만 가슴은 무관하게 딴 세계에 머문다. H. H. 프라이스(Price) 교수가 말한 "풀리지 않은 부호"의 세계 속에 사는 자들이다.[3]

진리의 조명으로 머리가 개입되면 의식이 깨어난다. 사랑의 영향으로 가슴이 개입되면 열정이 깨어난다. 다시 한번 말한다. 영혼의 근본적 에너지인 열정은 절정의 황홀감이나 도취된 감정이나 낙천적 인생관이 아니다. 그것은 하나님을 향한 불타는 그리움이요 자신이 사랑받는 자라는 진리 안에 살아가려는 불굴의 의지다.

우리를 향한 그리스도의 사랑이 우리를 강권한다. 머리와 가슴의 통합은 **열정적 의식** 상태로 살아가는 통일된 성품을 빚는다.

영향을 입을 줄 모르는 심장은 인간 실존의 어두운 신비 가운데 하나다. 그 심장은 게으른 마음과 나른한 태도와 묵혀 둔 재능과 묻혀진 희망으로 인간 내부에서 차갑게 뛰고 있다. 이언 베들로의 어머니처럼, 그들은 절대로 삶의 표면에 가닿지 못하는 것 같다. 살아가는 법을 배우기도 전에 죽는 것이다.

그들은 허구한 날 헛된 후회에 파묻혀 산다. 들쭉날쭉한 관계와 사업으로 에너지는 허비되고, 감정은 무디어지고, 하루하루 어떤 경험이 닥쳐와도 수동적이다. 마치 코 골며 자는 사람이 평화가 깨지면 신경질을 부리는 형국이다. 어떤 일이나 누구에게도 열정적으로 헌신할 줄 모르는 그들의 실상 이면에는, 하나님과 세상과 심지어 자신을 향한 실존적 불신이 도사리고 있다.

역설적이게도, 인간은 자기분석을 통해서가 아니라 헌신의 도약을 통해 자신을 알게 된다. 빅터 프랭클(Viktor Frankl)에 따르면, 인간이란 "뭔가 자신을 초월해 있는 것, 자기보다 큰 가치에 헌신하는" 만큼만 정체감을 얻을 수 있다.[4] 인생의 의미는 자신을 바쳐 성장의 모험에 나설 때 발견된다.

영향을 입을 줄 모르는 심장은 놀이동산의 기계장치나 잃어버린 무수한 골프공 신세가 된다. 삶답지 못한 삶의 처절한 허무가 보장하는 것은, 설령 그 사람이 없어도 아무도 아쉬워하지 않는다는 사실이다. "선상의 취객처럼 빌려 온 감정으로 시간의 복도를 허우적대며 사는 이들은……절대 삶을 깊이 맛보지 못하며 따라서 성인도 될 수 없고 죄인도 될 수 없다."[5]

"나는 죄를 인정하고 용서받는 것이 신약성경의 핵심임을 깨닫는 데 30년 걸렸다." 세바스천 무어의 충격적 고백이다.

그의 배움이 더디다고 말하기 전에 죄와 용서에 대한 우리 자신의 이해를 진지하게 검토해 보자. 우리는 얼마나 하나님과 자신으로 더불어 진정 화목케 되었는가? 그리고 얼마나 하루하루를 감히 용서받은 자로 살아가고 있는가?

우리 대부분의 경우 죄성의 두루뭉술한 고백은 쉽게 나온다. "모든 인간은 죄인이다. 나는 인간이다. 그러므로 나도 죄인이다." 하찮은 법률 위반이나 가톨릭교에서 말하는 '경죄'(輕罪)는 양심을 대충만 살펴봐도 금방 들춰진다. 과오의 이런 막연한 인정은 구원받은 자의 공동체 일원이 되려면 꼭 필요한 요건이다. 하지만 무엇으로부터 구원받았다는 말인가?

우리가 테레사 수녀의 죄성을 보지 못하는 것은 모든 인간 내면에 도사리고 있는 죄악의 신비에 대한 이해가 그만큼 얄팍하다는 증거다. 그녀의 훌륭한 구제사역에 눈멀어 우리는 그 내면의 실상을 보지 못한다. 우리 자신의 실상도 마찬가지다. 그녀의 희생적 사랑을 그럭저럭 흉내 낸다면 우리는 엉뚱한 데서 안전을 찾는 것이다. 그 안전은 오늘 내게 회개가 필요 없다고 역설한다. 인도의 가녀린 성녀가 자신의 깨어진 모습과 하나님께 대한 절박한 필요성을 겸손히 고백해도 우리는 통 이해를 못하거나 그저 가장된 겸손쯤으로 은근히 넘겨짚는다.

폴 클로델(Paul Claudel)은 가장 큰 죄는 죄의식을 잃는 것이라고 말했다. 죄가 단지 압제적 사회구조, 상황, 환경, 기질, 강박관념, 양육 따위로 인한 탈선이라면 우리는 인간 조건의 죄성은 인정하되 내가 죄인이라는 사실은 부인하는 것이다. 자신을 기본적으로 착하고 선량하되 인간의 공동 운명인 소소한 콤플렉스와 노이로제를 지닌 정도로 보는 것이다. 그렇게 우리는 악과 손잡는 인간의 섬뜩한 역량을 합리화하고 축소하며, 그리하여 자신의 선하지 못한 부분을 외면한다.

죄의 본질은 우리의 무시무시한 자기중심성에 있다. 자기중심성은 우리가 철저히 의존적일 수밖에 없다는 사실을 부정한다. 그리고 하나님의 주권을 앨런 존스가 말한 '우리의 젖비린내 나는 2퍼센트 자아'로 대치한다. 권력과 특권과 소유에 대한 우리의 집착은 공격적 자기주장을 정당화한다. 남에게 피해를 입혀도 상관없다. 거짓 자아는 일인자가 되는 것만이 서로 물고 물리는 세상에서 살아남는 길이라고 주장한다. "저 미혼모들도 다 자기가 좋아서 된 거야. 그렇게 살게 둬라." 거짓 자아는 소리친다.

우리 안에서 활동하는 악은 못 말리는 자기도취에 빠져 있다. 그것을 무어는 "인간 의식의 피할 수 없는 나르시시즘"이라고 표현했다.[6] 우리의 잔혹성과 소유욕과 시기심과 각종 악이 거기서 비롯된다. 자신의 죄성을 간과하고 우리 안의 악을 합리화한다면, 우리는 그저 죄인인 척하는 것뿐이며 따라서 용서받은 것도 흉내에 지나지 않는다. 가짜 회개와 가짜 축복의 사이비 영성은 결국 현대 정신의학에서 말하는 심각한 성격장애를 부르게 되어 있다. 외형으로 실체를 때우는 것이다.

자기 내면의 악을 보지 못하는 자들은 사랑이 무엇인지 절대 깨달을 수 없다.[7] 자신의 위선적 악에 직면하지 않는 한, 우리는 그리스도께서 갈보리 언덕에서 이루신 화목의 의미를 이해할 수 없다.

겸손이란 철두철미 정직해지는 것이다. 회복중인 알코올 중독자들이 즐겨 하는 말이다. 중독자의 성격에 복병처럼 들러붙은 치명적 부정(否定)을 들춰내어 스스로 인정하지 않는 한, 질병의 회복은 시작될 수 없다. 중독자는 바닥을 쳐야 한다. 술병을 박차는 고통보다 술병을 끼고 사는 고통이 훨씬 크다는 진리의 순간에 도달해야 한다. 마찬가지로 우리도 자신의 궁지를 인정하고 팔이 아플 때까지 손을 내밀지 않는 한, 십자가의 랍비께서 주시는 것을 받아들일 수 없다.

―――

예수 그리스도의 사명과 사역을 담아낼 한 단어를 찾는다면 화목케 하심도 일리가 없지 않다(나쁜 선택은 아니다). "곧 하나님께서 그리스도 안에 계시사 세상을 자기와 화목하게 하시며 그들의 죄를 그들에게 돌리지 아니하시고"(고후 5:19). "내가 땅에서 들리면 모든 사람을 내게로 이끌겠노라" 하신 예수님의 말씀은 곧 자신이 십자가에 들리실 것을 두고 하신 말씀이다. 고통으로 몸부림치며 피 흘리다 죽어 간 무력한 랍비의 몸이야말로, 우리 자아로부터의 도피에 대한 완전한 최종 전복이다. 갈보리는 초라한 우리 자아 안의 모든 악이 제 존재를 하나님 탓으로 돌리는, "그리하여 부활의 천둥소리를 촉발해 내는" 감당 못할 자리다.[8]

수난과 죽음을 통해 예수님은, 인간 심령의 근원적 병을 물리치시고 우리 영혼의 치명적 위선의 힘을 영원히 깨뜨리셨다. 그분은 친히 고독의 밑바닥에 이르심으로("나의 하나님, 나의 하나님, 어찌하여 나를 버리셨나이까") 우리 고독의 치명적 위력을 제하셨다. 그분은 우리의 무지와 연약함과 어리석음을 이해하시고 우리 모두에게 용서를 베푸셨다("아버지여, 저들을 사하여 주옵소서. 자기들이 하는 것을 알지 못함이니이다"). 그분은 시대를 초월해 모든 패배한 냉소주의자, 절망적 죄인, 자기혐오에 빠진 낙오자들에게 자신의 구멍난 심장을 안전지대로 내주셨다. 하나님은 십자가에 죽으심으로 화평을 이루시고 **만물**, 곧 하늘과 땅에 있는 **모든** 것을 자기와 화목케 하셨다(골 1:20).

십자가는 예수께서 죄와 죽음을 정복하셨으며 우리를 그리스도의 사랑에서 갈라놓을 수 있는 것이 **절대 전무**하다는 사실을 보여 준다. 거짓 자아나 바리새인이나 의식 부족이나 열정 부족이나 타인에 대한 부정적 판단이나 열등한 자아상이나 지저분한 과거나 불확실한 미래나 교회의 세력 다툼이나 부부간의 긴장이나 두려움이나 죄책감이나 수치심이나 자기혐오나 죽음조차도 주 예수님을 통해 가시적으로 표현된 하나님의 사랑에서 우리를 끊을 수 없다.

죽어 가는 랍비의 희미한 심장박동을 듣는 것이야말로 열정 회복의 강력한 자극제다. 그런 소리는 세상에 다시없다.

십자가에 달리신 주님은 말씀하신다. "네 죄를 자백하여라. 그러면 내가 연인과 스승과 친구로 너에게 나를 계시할 수 있다. 그러면 두려움이 사라지고 네 심장이 다시 한번 열정으로 뛸 수 있다." 그분의 말씀은 제 잘난 맛에 취해 있는 이들에게 주시는 말씀이자, 동시에 자신이 못났다는 생각에 짓눌린 이들에게 주시는 말씀이다. 양쪽 다 자기에 몰입되어 있다. 양쪽 다 하나님 자리에 올라 있다. 관심이 온통 자신의 잘나거나 못난 모습에 쏠려 있기 때문이다. 그들은 자아도취로 인해 단절되고 소외되어 있다.

나를 있는 그대로 사랑하시는 그리스도의 사랑을 받아들일 때 우리는 만성적 자기중심성에서 해방될 수 있다. 존 캅(Jonh Cobb)의 말을 생각해 보라.

영적인 사람은……자신이 자아도취에 빠진 모습 그대로 이미 사랑받고 있다는 사실을 알 때에만 사랑할 수 있다. 자신이 병든 죄인의 모습으로 이미 수용되고 있음을 깨달을 때 인간은 자신의 자아도취를 그대로 수용할 수 있으며, 그렇게 자신이 수용될 때에만 심리적 자원이 외부로 열려 남들도 있는 그대로 수용할 수 있다. 남을 수용하는 것은 나를 구원하기 위해서가 아니라, 자력으로 나를 구원할 필요가 없기 때문이다. 우리가 사랑하는 것은 오직 먼저 사랑받았기 때문이다.⁹

노르위치의 줄리안은 "죄는 수치가 아니라 명예가 될 것이다"라고 깜짝 놀랄 말을 했다. 다윗 왕, 베드로, 막달라 마리아, 바울을 비롯해 에티 힐레섬, 찰스 콜슨(Charles Colson) 같은 현대 증인들의 삶이 줄리안의 역설적인 말을 뒷받침한다. 이들은 모두 자기 내면의 악의 세력을 직시하고 활용했다. 은혜로 그것을 건설적이고 고결하고 선한 일의 힘으로 바꾼 것이다. 이 신기한 은혜는 십자가에 달리신 그리스도로 능동적으로 표현되었다. 그분은 자신 안에 만물을 화목케 하여 우리의 악한 충동까지도 선의 일부로 변화시키신다.

우리에게 원수를 사랑하라 하셨을 때 예수님은 우리 안에 역사하는 그분의 사랑이 강퍅한 마음을 녹여 원수도 친구 되게 하리라는 것을 아셨다. H. A. 윌리엄스는 이것이 우리 내면의 원수에도 훌륭히 적용된다고 말한다. 우리의 최악의 원수는 언제나 나 자신인 까닭이다.

나라는 사람—그 살인자, 잔인하고 무정한 자, 욕심과 시기와 질투가 많은 자, 동료를 미워하는 악한 자—을 인내와 긍휼로 사랑할 수 있을 때 나는 그를 모든 역동적 선과 아름다움과 후함과 친절의 삶으로, 무엇보다 충만히 살아 있는 전염성 있는 삶으로 전환시키는 길에 들어선 셈이다.[10]

물을 동하게 한 천사는 의사에게 말했다. "상처가 없다면 그대의 힘이 어디 있겠는가?"

오스트레일리아에 인생이 감당 못할 정도로 힘겨워진 한 남자가 있었다. 다행히 그는 자살을 생각하지는 않았다. 대신 쭈그러진 대형 철제

탱크를 사서 그 안에 생필품만 넣었다. 탱크 벽에는 랍비를 떠올리며 기도하고자 십자가를 걸었다. 그 안에서 그는 외롭게 흠 없는 삶을 살았으나 한 가지 큰 문제가 있었다.

날마다 아침저녁으로 탱크 벽을 뚫고 총탄이 날아들었다. 그는 바닥에 납작 엎드려 총탄을 피하는 법을 익혔다. 그래도 쭈그러진 철판에 튀는 총알세례에 남자는 몇 군데 상처를 입었다. 벽에는 많은 구멍이 뚫려 바람과 햇빛이 들었고 비 오는 날이면 물도 샜다. 그는 구멍을 틀어막으며 미지의 사수(射手)를 저주했다. 경찰에 신고도 했으나 도움이 안됐다. 그의 힘으로는 그 상황을 달리 어찌해 볼 도리가 없었다.

점차 그는 총알구멍을 긍정적 용도로 활용하기 시작했다. 이 구멍 저 구멍으로 밖을 내다보니 지나가는 사람들, 연 날리는 아이들, 손잡고 걷는 연인들, 하늘의 구름, 새들이 나는 모습, 활짝 핀 꽃들, 떠오르는 달이 보였다. 그렇게 밖을 내다보며 그는 자신을 잊었다.

그러던 어느 날 드디어 탱크가 녹슬어 부서져 내렸다. 그는 별 후회 없이 탱크 밖으로 나왔다. 밖에는 한 남자가 소총을 들고 서 있었다.

탱크에서 나온 사람이 말했다. "이제 나를 죽이겠군요. 하지만 그전에 한 가지 알고 싶은 것이 있소. 그동안 나를 못살게 군 이유가 뭐요? 나는 당신을 전혀 해친 적이 없는데 당신은 왜 내 적이 된 거요?"

상대는 소총을 내려놓고 웃으며 말했다. "나는 당신의 적이 아니오." 탱크에서 나온 사람이 보니 상대의 손발에 여기저기 총상이 있었고 총상은 해처럼 빛나고 있었다.[11]

인간의 고뇌를 온전히 받아들이는 이들의 삶에는 총알구멍이 즐비하게 마련이다. 예수님의 삶에 일어난 일이라면 어떤 식으로든 우리 삶에도 일어날 것이다. 상처는 불가피하다. 몸뿐 아니라 영혼도 상처를 입어야 한다. 상처 없는 심신을 당연한 정상 상태로 본다면 그것은 환상이다.[12] 실패와 파선과 비탄에서 자신을 보호하려 방탄조끼를 입는 이들은 사랑이 무엇인지 절대 모른다. 상처 없는 삶은 랍비와 조금도 닮은 구석이 없다.

신학교에 입학한 직후 나는 한 신부를 찾아가 내가 해병대 시절 3년간 수없이 폭음을 일삼았고 그렇게 방종으로 날려 버린 시간이 너무나 가슴 아프다고 고백했다. 놀랍게도 그분은 웃으며 이렇게 말했다. "기뻐하고 즐거워하게. 자네는 그 외로운 길을 걷는 이들에게 긍휼의 마음을 품게 될 걸세. 하나님은 자네의 깨어진 모습을 쓰셔서 많은 이들에게 복 주실 걸세." 노르위치의 줄리안의 말대로 "죄는 수치가 아니라 명예가 될 것이다." 선과 악의 이원론은 자신 안에 모든 것을 화목케 하신 십자가의 랍비를 통해 극복된다. 우리는 산 채로 죄책감에 먹힐 필요가 없다. 우리는 자신을 속이는 삶을 멈출 수 있다. 화목케 된 심령은, 내게 일어난 모든 일이 나를 지금의 나 되게 하기 위해 일어난 일이며 전혀 **예외가 없다**고 고백한다.

토머스 무어는 이런 통찰을 덧붙인다. "우리의 우울, 시기, 자아도취, 실패는 영적인 삶과 상치되지 않는다. 사실 그것은 영적인 삶에 꼭 필요하다. 잘만 관리한다면 그런 것들 덕분에 오히려 우리 심령이 완벽주의와 영적 교만의 오존층에 갇히지 않을 수 있다."[13]

이런 유화적 접근이 방종을 낳는 것은 아닐까? 수치당하신 랍비, 인간에게 버림받고 외면당하고 우리 죄 때문에 상처입으신 그분의 심장 박동을 들은 사람이라면 절대 그런 질문을 하지 않을 것이다.

가장 깊고 친밀한 관계에서만 우리는 타인에게 내 참 모습을 보일 수 있다. 자신의 인색하고 얄팍한 모습, 불안과 배반을 인식하며 사는 것도 힘든데 내 어두운 비밀을 남에게 열어 보인다는 것은 견딜 수 없이 위험한 일이다. 거짓 자아는 숨은 데서 나오려 하지 않는다. 그는 화장품 통을 붙들고 얼굴을 예쁘게 발라서 '무난한' 모습으로 꾸밀 것이다.

누구한테 내 속을 솔직히 털어놓을 수 있을까? 누구한테 내 영혼의 속내를 드러낼 수 있을까? 내가 선과 악, 순수함과 음탕함, 긍휼과 앙심, 이타심과 이기심을 겸비한 자라는 것, 내 용감한 말 속에 겁먹은 어린아이가 숨어 있다는 것, 내가 종교와 포르노를 공히 기웃거린다는 것, 친구의 성품을 매도하고 신뢰를 배반하고 신용을 저버린 자라는 것, 참을성 있게 배려하면서도 고집과 허풍이 심하다는 것, 특정 음식을 정말 싫어한다는 것을 누구한테 감히 말할 수 있을까?

내 가장 큰 두려움은, 내 거짓 자아와 참 자아를 속속들이 드러내면 친구들한테 버림받고 적들한테 비웃음당하지 않을까 하는 것이다.

최근 이사야서의 한 구절이 내 시선을 붙들었다. "너희가 돌이켜 조용히 있어야 구원을 얻을 것이요 **잠잠하고 신뢰하여야 힘을 얻을 것이거늘**"(30:15). 우리가 프라이버시에 집착하는 것은 거부에 대한 두려움에 그 뿌리가 있다. 우리는 배척의 기미가 느껴지면 죄 짐을 내려놓을 수 없다. 기껏해야 무거운 짐가방을 이쪽 손에서 저쪽 손으로 옮겨 들 수 있을 뿐이다. 마찬가지로 상대가 용서로 받아준다는 확신이 있을 때에만 우리는 자신의 죄악된 마음을 열어 보일 수 있다.

나를 받아주는 사람한테가 아니라면 나는 내 잘못을 시인하거나 내 큰 실수를 인정할 수 없다. 자기 잘못을 시인할 수 없는 사람은 정서가 극히 불안하다. 그는 가슴 깊이 수용을 느끼지 못하며 따라서 죄책감을 억누르고 제 발자국을 덮는다. 거기서 이런 역설이 나온다. 잘못을 고백하려면 건강한 자아상이 필요하며 반대로 잘못을 묻어 두는 것은 자아상이 건강치 못하다는 증거다.[14]

우리는 버림받은 삭개오와 함께 음식을 나눈 위대하신 랍비를 잠잠히 신뢰해야 구원과 힘을 얻을 수 있다. 그분이 악명 높은 죄인과 함께 식사하신 것은 단지 거리낌 없는 관용과 인도주의 정서의 몸짓만은 아니다. 그분의 사명과 메시지, 곧 만인을 위한 예외 없는 용서와 평화와 화해가 그렇게 구현된 것이다.

다시 말하지만 "나는 누구인가?"라는 물음의 답은 자기분석에서 오는 것이 아니라 인격적 헌신을 통해 주어진다. 예수 그리스도의 돌이킬 수 없는 용서로 말미암아 불신에서 신뢰로 돌아선 심령은 새로운 피조물이며, 자아 정체에 대한 모든 혼란이 깨끗이 사라진다. 랍비의 수용을 믿는 이 지고한 행위는 너무도 엄청난 것이어서 그 역사적 사건의 전 인격적 중요성은 감히 글과 말로 다 형언할 수 없다. 그것은 일생일대의 결단이다. 그것을 벗어나서는 아무것도 가치가 없다. 모든 관계와 성취와 성공과 실패는 그 안에서 의미를 얻는다. 그것은 냉소주의와 자기혐오와 자포자기에 치명타를 날린다. 그것은 "아버지를 믿으니 또 나를 믿으라"는 랍비의 부름에 대한 결정적 "예"의 응답이다.

세바스천 무어는 이렇게 말했다.

> 복음 앞에 죄를 고백하는 것이야말로 인간 심령의 가장 풍부하고 안전하고 모험적인 표현이다. 그것은 자신이 받아들여지고 있다는 확신 속에서만 행할 수 있는 모험이요 그 확신의 온전한 최종 표현이다. 인간은 사랑하는 이에게만 자신의 모습을 보인다. 깜짝 놀란 세상에게 예수님은 죄의 고백을 요구하신다. 한 인간의 마음속 깊이 자신을 그의 연인으로 계시해 주시기 위함이다. 받아주시는 하나님 앞에 죄를 고백할 때 인간 심령은 가장 심원한 에너지를 발한다. 이 고백이야말로 복음 혁명의 진수다.[15]

그분이 약속하신 세상이 줄 수 없는 평안은 하나님과의 바른 관계 속에 있다. 자기수용은 나를 있는 그대로 받아주시는 예수님을 온전히 믿을 때만 가능하다. 내면의 거짓 자아와 바리새인과 친구가 될 때 나 자신과의 화해가 시작되며 영적 정신분열증은 막을 내린다.

우리의 악한 충동은 랍비의 품 안에서 선으로 돌이켜 변화된다. 누가복음에 나오는 죄 많은 여인의 욕심이 해방되어 예수님과 친해지려는 열정으로 바뀐 것처럼, 우리의 물질 소유욕도 밭에 감추인 보화에 대한 욕심으로 변한다. 우리 안의 살인자는 동성애 혐오와 편협한 신앙과 편견을 죽일 수 있게 된다. 우리의 복수심과 증오는 하나님을 쩨쩨한 회계원으로 보는 시각에 대해 참을 수 없는 분노로 뒤바뀐다. 우리의 타성적 예의는 길 잃은 자들을 향한 진심 어린 긍휼로 바뀐다.

그리하여 "보라, 내가 만물을 새롭게 하노라" 하신 랍비의 말씀의 의미가 더없이 밝고 분명해진다.

───

주님, 구주, 구원자, 메시아 등 예수께 부여된 칭호는 많다. 그분의 당대 사람들이 사용한 것도 있고 초대교회에서 붙인 것도 있다. 그러나 유독 내가 **랍비**라는 명칭을 주로 사용한 데는 두 가지 이유가 있다.

첫째, 자갈밭 길로 내리닫던 내 인생의 자취를 더듬노라면 그리스도를 만나기 이전의 삶이 떠오른다. 정처 없이 이 관계 저 관계, 이 술집 저 술집을 떠돌며 척박한 가슴의 고독과 권태에 위안을 얻어 보려 애쓰던 그 공허함이 지금도 기억에 선하다.

그러나 돌연 난데없이 예수님이 나타나 내 삶은 새로워졌다. 내 위 안밖에 챙길 줄 모르던 볼품없는 신세이던 내가 사람들과 일을 챙길 줄 아는 어엿한 인간, 사랑받는 제자가 되었다. 그분의 말씀이 "내 발에 등"이 되었다(시 119:105). 나는 방향감각과 목표의식을 찾았고 아침에 자리에서 일어나야 할 이유를 찾았다. 예수님은 내 랍비, 내 스승이었다. 무한한 인내로 그분은 인생의 의미를 깨우쳐 주셨고 망가진 시절로 지쳐 있던 내게 새 힘을 주셨다. 나를 어둠에서 이끌어 빛으로 들인, 위대하신 랍비를 나는 결코 잊을 수 없다. 그분은 현실을 피하는 피난처가 아니라 현실 속으로 깊이 들어가는 길이다.

둘째, **랍비**라는 호칭은 예수님이 본래 유대인이며 우리의 기원도 유대인이라는 사실을 일깨워 준다. 아브라함은 우리 믿음의 조상이다. 영적인 면에서 우리는 유대인이다. 바울은 이렇게 말했다. "그들〔유대인〕에게는 양자 됨과 영광과 언약들과 율법을 세우신 것과 예배와 약속들이 있고 조상들도 그들의 것이요 육신으로 하면 그리스도가 그들에게서 나셨으니"(롬 9:4-5).

온 세상에 반유대주의가 더해 가는 요즘, 나는 유대인과 친족 관계라는 우리의 특별한 지위를 결코 잊고 싶지 않다. 반유대주의는 우리의 유대인 구주이신 그분의 얼굴에 침을 뱉는 행위다. 부끄럽게도 그리스도인들이 많은 침을 뱉고 있다.

우리 시대의 한 유대인은 부드럽고도 단호하게 이렇게 말했다. "우리〔유대인〕는……신약성경에서 성취되었다고 주장하는 구약의 메시지가 과연 역사 속에서, 우리와 우리 조상들이 살고 겪어 온 역사 속에서 성취되었는지 성경에 비추어 물어야 한다. 친애하는 그리스도인 독자들이여, 여기서 우리의 대답은 부정적일 수밖에 없다. 우리는 하나님 나라와 평화와 구속을 전혀 볼 수 없다."[16]

유대인 형제자매들을 향한 우리의 그리스도인답지 않은 과거를 묵상할 때마다 내 눈앞에는 눈물로 얼룩진 랍비의 얼굴이 아른거린다. 버가트(Burghardt)의 말대로, 우리는 유대교와 그 운명에 대한 새로운 신학이 필요하다. 기독교와 유대교 사이에 더 많은 대화, 더 많은 예배와 교제가 필요하다. 우리는 셰익스피어의 「베니스의 상인」에 나오는 샤일록의 말을 깊이 생각할 필요가 있다. "유대인은 눈이 없는가? 유대인은 손과 기관과 몸집과 감각과 애정과 열정이 없는가? 유대인도 그리스도인과 같은 음식을 먹고 같은 무기에 다치고 같은 병에 걸리고 같은 약으로 낫고 같은 겨울과 여름에 춥고 덥지 않은가? 유대인을 찌르면 피가 나지 않는가? 유대인을 간지럽히면 웃음이 나지 않는가? 유대인에게 독을 먹이면 죽지 않는가?"

예수님과 우리는 수치의 아들딸들만 아니라 아브라함의 아들딸들과도 연대를 맺고 있다. 예수님을 **랍비**라 부를 때 그 연대의식이 더 민감해진다.

아가서의 신부는 이렇게 노래한다. "내가 잘지라도 마음은 깨었는데 나의 사랑하는 자의 소리가 들리는구나. 문을 두드려 이르기를 나의 누이, 나의 사랑, 나의 비둘기, 나의 완전한 자야, 문을 열어 다오.……내 사랑하는 자가 문틈으로 손을 들이밀매 내 마음이 움직여서 일어나서 내 사랑하는 자를 위하여 문을 열 때 몰약이 내 손에서, 몰약의 즙이 내 손가락에서 문빗장에 떨어지는구나"(5:2, 4-5).

신부의 마음을 품고 예수님께 문을 열어 함께 식탁에 앉아 그분의 심장박동을 들은 비천한 제자들 무리는 최소한 네 가지를 경험하게 된다.[17]

첫째, 랍비의 심장박동을 들으면 즉시 삼위일체를 체험케 된다. 그분의 심장에 귀를 갖다 대는 순간 이내 저만치 아버의 발자국 소리가 들린다. 어떻게 된 일인지는 나도 모른다. 그냥 그렇게 된다. 예수님과 아버지가 성령 안에서 하나라는 사실, 곧 그 두 분의 무한한 애정의 연합에 대해 지적 동의에서 체험적 의식으로 훌쩍 넘어가는 순간이다. 사전 묵상이나 반추 없이도 "아바여, 저는 아바의 것입니다"라는 부르짖음이 저절로 심령에서 솟구친다. 아들이신 예수님 안에서 우리도 아들딸 되었다는 의식이 영혼 깊이 밝아 온다. 아무리 지저분하고 지치고 탈진했을지라도 아바 체험을 통해 우리는 한없이 깊고 자상한 아버지의 애정에 삼켜진 바 되어 말을 잊는다. 우리 심장이 랍비의 심장과 박자를 맞춰 뛸 때 우리는 지각에 뛰어난 은혜와 자비와 긍휼을 경험하게 된다. "초월자께서 어떻게 믿어지지 않을 만큼 가까워져 스스럼없이 사랑하실 수 있을까? 그것이 복음의 수수께끼다."[18] 설명은 하나뿐이다. 자신이 본래 그런 분이라고 스승께서 말씀하신다.

둘째, 천국 길이 나 혼자 가는 길이 아님을 알게 된다. 통행량이 많다. 동료 나그네들이 어디나 있다. 더 이상 나와 예수님만이 아니다. 길 위에는 도덕적인 자와 부도덕한 자, 멋있는 자와 지저분한 자, 친구와 적, 나를 돕는 자와 나를 방해하는 자, 은행 경비원과 은행 강도 등 어지러울 정도로 복잡하고 다양한 인간들이 산재해 있다. 길 가며 각 사람을 사랑하라는 것이 물론 랍비의 말씀이다. 우리가 그들에게 하는 것이 곧 그분께 하는 것이다.

우리는 그 사실을 이미 알고 있었다.

일찍이 주일학교나 교리과정 때부터 우리는 "무엇이든지 남에게 대접을 받고자 하는 대로 너희도 남을 대접하라"는 황금률을 배웠다. 그러나 우리의 우울한 결혼생활, 역기능 가정, 분열된 교회들, 사랑 없는 동네를 보면 우리가 제대로 배우지 않았음을 알 수 있다.

"마음으로 배운다"는 것은 전혀 다른 문제다. 랍비의 심장박동에 실린 불가항력적 애정으로 인해 사랑은 지극히 사적인 일, 지극히 직접적인 일, 지극히 긴박한 일이 된다. 그분은 "내가 너희에게 새 계명을 준다. 내 계명이다. 내가 너희에게 명하는 모든 것이다. 내가 너희를 사랑한 것같이 너희도 서로 사랑하라"고 말씀하신다. 긍휼과 용서만이 통한다. 사랑은 모든 것의 열쇠다. 삶과 사랑은 하나다.

마음은 마음에 말한다. 랍비는 애타게 말씀하신다. "제자도가 의, 완벽함, 효율성의 문제가 아니라는 것을 모르겠느냐? 너희가 더불어 살아가는 모습이 곧 제자도다." 모든 만남에서 우리는 생명을 주거나 고갈시키거나 둘 중 하나다. 중립적 만남이란 없다. 우리는 인간의 존엄성을 높이거나 끌어내리거나 둘 중 하나다. 주어진 하루의 성패는 주변 사람들을 향한 관심과 긍휼의 질로 측정된다. 인간의 필요에 대한 반응이 우리의 실체를 규정한다. 이웃에 대해 어떤 느낌을 갖느냐가 아니라 그를 위해 무엇을 했느냐가 문제다. 어린아이의 말을 듣는 방식, 우편 배달부에게 말하는 방식, 상처를 참는 방식, 궁핍한 자와 자원을 나누는 방식 속에 우리 마음이 드러난다.

한 시골 소년에 대한 옛 일화가 있다. 아이의 한 가지 기술은 길 잃은 당나귀를 찾는 것이었다. 어떻게 찾느냐는 물음에 아이는 "제가 당나귀라면 어디로 갈까 생각해 봐요. 그러면 당나귀는 꼭 그 자리에 있어요"라고 답했다. 이것을 우리에게 맞게 적용해 본다. 랍비의 심장박동에 귀기울일 때 제자들은 예수께서 주어진 순간에 어디에 계실지를 듣는다. 그러면 그분은 그곳에 계신다.

셋째, 예수님과 함께 식탁에 앉을 때 우리는 열정의 회복이란 예수님의 열정의 발견과 밀접한 관계가 있음을 배운다.

디베랴 바닷가에서 예수님과 베드로 사이에 흔치 않은 대화가 오간다. 세상 최고의 애틋한 말이 심장이 멎을 듯한 물음으로 다가온다. "네가 나를 사랑하느냐?" 산만한 방해거리를 제거하고 바짝 귀 기울이면 **이때까지 들어 본 적 없는 하나님의** 사무치는 절규가 들려온다. 이것이 무슨 일인가? 세상 어느 종교의 신도 자기에 대한 우리의 느낌을 물어볼 만큼 자신을 굽힌 적이 없다. 이방신들은 벼락을 내려 하수인들에게 자신이 상전임을 일깨운다. 영원을 품으신 랍비는 우리를 보며 자기한테 관심이 있느냐고 물으신다. 우리를 살리고자 하나님께 버림받아 피 흘리며 죽어 간 예수님이, 우리를 보며 자기를 사랑하느냐고 물으신다!

'열정'의 어원은 라틴어 동사로 파세레(*passere*), 곧 '고통을 느낀다'는 뜻이다. 베드로와의 대화에 나타난 예수님의 열정은 "자원하여 자신을 상대에게 열어 보여 친히 상대에게 깊은 **영향을 입는 것**, 요컨대 열정적 사랑의 고통이다."[19]

친히 우리의 반응에 영향을 입으실 만큼 약해지신 하나님과 자신을 영접하지 않는 예루살렘을 보며 가슴 아파 우시는 예수님의 모습은 정말 충격적이다. 기독교의 기본요소는 우리가 하나님께 해드리는 일이 아니라 하나님이 우리에게 해주시는 일이다. 하나님이 우리를 위해 그리스도 예수 안에서 꿈꾸시고 성취하신 놀라운 은혜의 일이다. 말씀의 능력으로 우리 삶에 들어오실 때 하나님이 우리에게 원하시는 모든 것은, 깜짝 놀라 어안이 벙벙하여 입을 다물지 못한 채 심호흡을 시작하는 것이다.

열정의 회복은 놀람과 밀접하게 연관되어 있다. 우리는 신비의 막강한 힘에 삼켜져 버린다. 루돌프 오토(Rudolph Otto)가 말한 '어마어마한 신비' 앞에 자의식은 증발해 버린다. 초월의 하나님이 우리를 덮쳐 맥을 잃게 하신다. 이런 체험은 부드러운 물결처럼 우리의 의식을 덮어, 깊고 잔잔한 감탄으로 적실 수도 있다. 놀람과 경이와 경탄은 말 없는 겸손을 낳는다. 감히 존재하리라 꿈도 꾸지 못했던 하나님의 모습을 순간이나마 살짝 보게 된다.

또는 히브리 전통에 나오는 **가봇 야훼**, 곧 하나님의 빽빽한 영광에 눌릴 수도 있다. 영혼의 은밀한 성소로 깊은 적막이 오싹 훑고 지난다. 하나님이 철저히 타자라는 인식이 밝아 온다. 창조주와 피조물 사이의 골은 다리로 이을 수 없다. 우리는 무한히 뻗은 해변의 모래 알갱이에 지나지 않는다. 우리는 하나님의 엄위하신 임재 안에 있다. 스스로 설 수 있는 능력이 있다던 허상이 다 벗겨져 나가자 우리의 거들먹거리던 걸음이 사라진다. 애정을 받아들이는 지혜의 삶도 더 이상 역부족이다. 하나님의 이름은 자비다.

믿음이 꿈틀댄다. 두려움과 떨림이 다시 제 목소리를 찾는다. 예배를 통해 우리는 엄청난 빈곤 속으로 들어간다. 빈곤이란 하나님께 대한 흠모에 다름 아니다. 우리는 요한이 예수님의 가슴에 머리를 기댔던 다락방을 나와 사랑받는 제자가 하나님의 어린양 앞에 엎드린 요한계시록으로 옮겨 간다.

지혜로운 남녀들이 오랜 세월 믿어 온 대로, 행복이란 막힘 없이 자기다워지는 데 있다. 조용히 위대하신 랍비의 품에 안겨 그 심장에 귀를 대어 보라. 그분이 누구인지 알 때 당신이 누구인지도 알게 된다. 곧 우리 주 그리스도 안에서 아바의 자녀임을 알게 된다.

개인과 그룹을 위한 스터디 가이드

책을 읽는 데는 두 가지 방법이 있다. 나는 둘 다 사용해 왔다. 첫째 방법은 정보 수집을 위한 외면적 독서다. 설교를 작성하고, 토의를 진행하고, 집필 중인 책에 인용할 말을 찾고, 토론 때 내 입장을 뒷받침하고, 이 책이 구도자나 고민하는 친구에게 유익한지 여부를 결정하기 위해 보조자료로 사용하는 길이다.

둘째 방법은 내용을 체험하고 책에 묘사된 하나님을 개인화하기 위한 내면적 독서다. 이 접근대로 하려면 책을 천천히 읽고 자주 쉬면서 방금 읽은 문단이나 페이지의 내용을 묵상해야 한다. 책 전체를 다시 읽어야 할 때도 있다. 이 경우 내가 구하는 것은 정보가 아니라 변화이며 독서에 들인 시간은 기도에 적셔진다.

기도하는 소그룹 내에서 깨달음과 묵상을 나누는 것이 더없이 유익한 일임을 나는 개인적 체험을 통해 배웠다. 그런 모임이 허락되지 않는 상황이라 해도 성령께서 당신을 고아로 남겨 두시지 않을 것이다. 그래서 나는 다음과 같이 개인별 또는 그룹별로 사용할 수 있는 스터디 가이드를 만들었다.

1. 숨지 말고 나오라

5분간의 묵도로 시작한다. 내주하시는 성령을 믿음으로 의식한다. 성경말씀, 개인적 묵상, 다른 사람들의 깨달음을 통해 내 심령에 말씀해 주실 것을 성령께 겸손히 구한다.

한 사람이 대표로 로마서 7:14-25을 큰소리로 읽는다. 다음 질문을 중심으로 개인적으로 묵상하고 그룹으로 함께 나눈다.

1) 개인적으로 실패를 경험한 후 나는 "못난이, 바보, 위선자, 패배자, 쥐구멍에라도 들어가고 싶을 만큼 창피하다" 등의 말로 자신을 질책한 일이 있는가? 하나님도 나에 대해 똑같은 기분이실 줄 생각하여 나 자신의 감정을 그분께 투사한 일이 있는가? 낮은 자존감과 자기거부는 예수님과 나의 관계에 어떤 역할을 해왔는가? 예를 들어 말해 보라.

2) 믿음이란 수용을 받아들이는 용기다. 나는 용기를 내어 숨은 데서 나와 내 실체를 솔직히 털어놓은 일이 있는가? 나는 예수께서 내 상한 모습을 받아주심을 믿는가?

2. 거짓 자아

5분간의 묵도로 시작한다. 내주하시는 성령을 믿음으로 의식한다. 성경말씀, 개인적 묵상, 다른 사람들의 깨달음을 통해 내 심령에 말씀해 주실 것을 성령께 겸손히 구한다.

한 사람이 대표로 마가복음 8:34-36을 큰소리로 읽는다. 다음 질문을 중심으로 개인적으로 묵상하고 그룹으로 함께 나눈다.

1) 내 거짓 자아가 최근에 썼던 가장 두드러진 가면 두 가지를 자세히 말해 보라. 현재 내가 상대하고 있는 거짓 자아의 모습은 어떤 것인가? 거짓 자아를 인정하고 받아들이지 않는 한 자기수용은 요원하다. 나는 내 거짓 자아를 끌어안은 일이 있는가? 그것을 예수님께 가져가, 그 작은 악당이 점차 줄어들기 시작하는 것을 본 일이 있는가? 내 거짓 자아에 별명을 붙여 준 적이 있는가?

3. 사랑받는 자

5분간의 묵도로 시작한다. 내주하시는 성령을 믿음으로 의식한다. 성경말씀, 개인적 묵상, 다른 사람들의 깨달음을 통해 내 심령에 말씀해 주실 것을 성령께 겸손히 구한다.

한 사람이 대표로 요한복음 17:23, 26을 큰소리로 읽는다. 다음 질문을 중심으로 개인적으로 묵상하고 그룹으로 함께 나눈다.

예수님은 아버께 이렇게 기도하신다. "아버지께서…… 나를 사랑하심같이 그들도 사랑하신 것을……이는 [아버지께서] 나를 사랑하신 사랑이 그들 안에 있고 나도 그들 안에 있게 하려 함이니이다." 아버께서 예수님을 사랑하시는 것같이 나를 사랑하신다는 것이 감당하기 힘든 지나친 말로 들리는가? 심지어 신성모독으로 들리는가? 하지만 정확히 그것이 이 말씀의 내용이다. 내 경우는 대상마다 사랑의 정도가 다르다. 예컨대 나는 90퍼센트 사랑하는 사람도 있고 70퍼센트 사랑하는 사람도 있고 20퍼센트만 사랑하는 사람도 있다. 아바는 그렇게 못하신다. 아바가 우리의 성취에 근거해 사랑하신다고 생각하면, 그것은 아바에 대한 생각이 아니라 우리 자신에 대한 생각이다. 우리는 사랑을 소유하지만 하나님은 존재 자체가 사랑이시다. 그분의 사랑은 그분의 한 차원이 아니라 그분의 존재 전부다. 이 진리를 희미하게만 깨달아도 우리는 아바가 예수님은 100퍼센트 사랑하고 테레사 수녀는 70퍼센트 사랑하고 나는 10퍼센트만 사랑하신다는 것이 불가능한 일임을 알게 된다. 만약 그것이 가능하다면 아바는 하나님이 아니시다.

1) 나는 나 자신을 철저히 아바의 사랑받는 자녀로 보고 있는가? 아니라면, 이유는 무엇인가? 그렇다면, 이유는 무엇인가?

4. 아바의 자녀

5분간의 묵도로 시작한다. 내주하시는 성령을 믿음으로 의식한다. 성경말씀, 개인적 묵상, 다른 사람들의 깨달음을 통해 내 심령에 말씀해 주실 것을 성령께 겸손히 구한다.

한 사람이 대표로 마태복음 12:17-21과 갈라디아서 5:6을 큰소리로 읽는다. 다음 질문을 중심으로 개인적으로 묵상하고 그룹으로 함께 나눈다.

1) 우리 신앙의 가장 진정한 시험대는 날마다 남과 더불어 사는 모습이다. 나는 남들에게 생명을 주는가? 아니면 부정적 태도로 오히려 남들의 생명을 고갈시키는가? 내 인간관계를 돌아볼 때, 나를 만나는 사람은 기분이 더 좋아지는가, 더 나빠지는가? 나는 남들의 삶에 가장 필요한 것―격려의 말―을 주는 습관이 있는가? 남을 힘 빠지게 한 경험과 남을 인정해 준 경험을 차례로 돌아가며 나눠 보라.

2) 애정을 받아들이는 지혜의 삶을 하루 단위로 살아가는 것이 내 기도생활에, 가족들과의 관계에 미치는 영향을 구체적으로 이야기해 보라.

5. 바리새인과 자녀

5분간의 묵도로 시작한다. 내주하시는 성령을 믿음으로 의식한다. 성경말씀, 개인적 묵상, 다른 사람들의 깨달음을 통해 내 심령에 말씀해 주실 것을 성령께 겸손히 구한다.

한 사람이 대표로 마태복음 18:1-4을 큰소리로 읽는다. 다음 질문을 중심으로 개인적으로 묵상하고 그룹으로 함께 나눈다.

1) 아이들이 마음속에 악감정이나 쓰라린 기억이나 원한이나 미움을 품는 기간은 얼마나 될까? 어느 날 오후 조깅하던 중 나는 17세의 두 아이가 싸우는 것을 보았다. 참된 평화의 도구가 되고자 나는 그들에게 다가가 결과를 지켜보았다. 몸집이 좋은 아이가 가냘픈 아이를 제압해 팔목으로 땅에 누른 뒤 "항복?" 하고 물었다. 패자는 항복했다. 잠시 후 함께 바지를 털면서 승자가 물었다. "껌 하나 줄까?" 패자는 "응" 하고 대답했고, 둘은 어깨동무를 하고 앞길로 나섰다.

원한, 분노, 무정한 마음, 용서하지 않는 마음에 대한 내 고민을 완전히 솔직하게 털어놓으라. 그룹 멤버들은 그룹 내에서 나눈 이야기가 밖으로 새어 나가지 않게 한다. 나 자신과 내게 잘못한 사람을 용서할 수 있는 은혜를 달라고 멤버들에게 기도를 부탁하라.

2) 내면의 바리새인은 판단에 능하다. 내면의 아이는 판단하지 않는다. 바리새인은 감정을 억압하지만 아이는 자유로이 감정을 표현한다. 내일이 오지 않을 수도 있다고 생각하고, 그룹 멤버들에게 내가 꼭 하고 싶은 말이 있는가? 용기를 내라.

6. 현존하는 부활

5분간의 묵도로 시작한다. 내주하시는 성령을 믿음으로 의식한다. 성경말씀, 개인적 묵상, 다른 사람들의 깨달음을 통해 내 심령에 말씀해 주실 것을 성령께 겸손히 구한다.

한 사람이 대표로 요한복음 15:1-5을 큰소리로 읽는다. 다음 질문을 중심으로 개인적으로 묵상하고 그룹으로 함께 나눈다.

1) 남부의 위대한 작가 유도라 웰티(Eudora Welty)는 자신의 단편과 장편소설의 존재 이유를 이렇게 밝힌 바 있다. "내 소원과 지속적 열망은 판단하며 손가락질하는 것이 아니라 커튼을 찢는 것이다. 사람과 사람을 가르는 보이지 않는 그림자, 서로의 존재와 가치와 곤경에 대한 무관심의 휘장을 찢는 것이다."

많은 그리스도인들 사이에 존재하는 예수님의 현존하는 부활에 대한 무관심의 휘장은 알다가도 모를 신비다. 이 사람들은 빌려 온 감정으로 살아가며, 배에 탄 취객처럼 시간의 복도를 휘청거리며 지난다. 그들은 절대 삶을 깊이 맛보지 못하기에 성인도 될 수 없고 죄인도 될 수 없다. 내 안에 거하시는 그리스도의 부활을 늘 의식하기 위해 나는 날마다 어떻게 노력하고 있는가? 중심을 잃지 않고 분주함과 자기도취를 이기기 위한 내 개인적 경험을 나눠 보라. 예수님과 아바는 한분이신 하나님이기에 예수님에 대한 의식은 곧바로 아바 체험이 된다. 그런 순간에 자연스럽게 솟아나는 기도의 특징을 설명해 보라.

7. 열정의 회복

5분간의 묵도로 시작한다. 내주하시는 성령을 믿음으로 의식한다. 성경말씀, 개인적 묵상, 다른 사람들의 깨달음을 통해 내 심령에 말씀해 주실 것을 성령께 겸손히 구한다.

한 사람이 대표로 요한복음 13:23-25을 큰소리로 읽는다. 다음 질문을 중심으로 개인적으로 묵상하고 그룹으로 함께 나눈다.

1) 빈 의자에 머리를 두고 죽어 간 노인의 일화는 여러 곳에서 전해졌다. 작은 교회 목사들은 60여 명의 교인들에게 전했고, 한 중고등부 목사는 런던 웸블리 스타디움의 음악 페스티벌에 모인 수많은 십대 아이들에게 전했고, 빌 하이벨스는 2만 명이 넘는 일리노이 윌로크릭 교인들에게 전했다. 곳곳의 작은 마을과 대도시에서 누군가 이 일화를 인용하고 게재하고 살을 입혀 다시 들려주었다. 이 이야기를 읽을 때 내 안에 일어나는 움직임은 무엇인가? 이것은 친밀한 소속에 대한 내 마음의 갈망이 표현된 이야기인가? 아니면 나를 당혹케 하는 이야기인가? 기도의 기본 원칙 중 하나는 "내가 못하는 방식으로 기도하지 말고 내가 할 줄 아는 방식으로 기도하라"는 것이다. 내게 가장 편안한 기도방식이 무엇인지 서로 나눠 보라. 기도에 실패하는 유일한 길은 기도하지 않는 것임을 잊지 말라.

2) 열정이란 '영향을 입는다'는 뜻이다. 권태, 단조로움, 평범한 삶, 아무리 해도 끝없는 틀에 박힌 똑같은 일, 배우자를 당연시하는 태도, 절정기에 이른 직장 생활, 설교가 약하고 예배가 생기 없는 교회에 나가는 일. 이런 것은 다 우리 몸을 지치게 하고 영을 고갈시킬 수 있다. 내가 깊이 영향받고 있는 것이 무엇인지 서로 나눠 보라. 도무지 열정이 없고 매사에 심드렁한 상태라 해도 그 공허한 마음을 그룹 멤버들에게 털어놓으면 나만 그런 것이 아님을 알고 위로를 얻을 수 있다.

8. 용기와 환상

5분간의 묵도로 시작한다. 내주하시는 성령을 믿음으로 의식한다. 성경말씀, 개인적 묵상, 다른 사람들의 깨달음을 통해 내 심령에 말씀해 주실 것을 성령께 겸손히 구한다.

한 사람이 대표로 마태복음 14:22-23을 큰소리로 읽는다. 이 장에는 권위와 섬김, 독특한 자의 빈곤, 존재와 행위 등 많은 주제가 나오므로 필요에 따라 다음 질문을 나누지 않고 그룹 멤버들의 삶의 상황에 좀 더 부합되는 당면 문제에 초점을 맞추어도 좋다.

1) 아바의 자녀라는 핵심 정체를 생생히 의식하지 못하면 그만큼 남들의 인정과 비난에 노예가 되기 쉽다. 예수님은 서로 영광을 구하는 바리새인들을 책망하셨다. 남들의 인정을 얻어 내려다 빠졌던 덫과 함정을 서로 나눠 보라. 동료들의 아첨, 사람의 환심을 사려는 태도, 유명인의 이름을 친구처럼 들먹이며 과시하는 태도, 조작, 지나친 친절 등을 예로 들 수 있다. 그 다음에는 중요한 사람들의 분노를 사거나 눈 밖에 나리라는 것을 뻔히 알면서도 기죽지 않고 심중의 진실을 말했던 예를 한두 가지 서로 나눠 보라.

2) 세상의 종말에 대한 집착을 등에 업고 베스트셀러 서적, 열광적 범퍼스티커, 테이프, 설교, 티셔츠, 열쇠고리 등 업계가 호황을 누리고 있다. 그에 비해 죽음을 주제로 한 책은 별로 많지 않다. "날마다 눈앞에 자신의 죽음을 두고 살라"는 냉엄한 경고는 내게 어떻게 다가오는가? 병적인 말로 다가오는가, 아니면 못 다한 애정의 말을 오늘 하지 않으면 영영 말하지 못할지도 모른다는 부드러운 환기로 다가오는가? 자신의 죽음을 생각할 때 어떤 기분이 드는지 서로 나눠 보라.

9. 랍비의 심장박동

5분간의 묵도로 시작한다. 내주하시는 성령을 믿음으로 의식한다. 성경말씀, 개인적 묵상, 다른 사람들의 깨달음을 통해 내 심령에 말씀해 주실 것을 성령께 겸손히 구한다.

한 사람이 대표로 요한복음 14:23, 15:4, 고린도전서 6:19을 큰소리로 읽는다. 다음 질문을 중심으로 개인적으로 묵상하고 그룹으로 함께 나눈다.

1) 우리 시대 최고의 클래식 첼리스트로 각광받는 요요마는 열아홉 살 때 스승한테서 이런 말을 들었다. "너는 아직 네 소리를 찾지 못했다." 요요(한자로 그의 이름은 '친구'라는 뜻이다)는 크게 놀랐다. 당시 그의 기술적 천재성은 타의 추종을 불허하는 것이었다. 자기만의 소리를 아직 찾지 못했다는 말이 그는 도저히 이해가 안됐다. "적어도 10년은 걸릴 것이다"라고 스승은 말했다. 결혼하고 자녀를 키우고, 작고한 클래식 작곡가들과 마음속으로 대화를 나누며 11년이 지난 후에야 요요는 마침내 자기 소리를 찾았다.

내 책을 처음 펴낸 출판업자 탐 코피(Tom Coffey)는 내 다섯 번째 책 「나를 이처럼 사랑하사」(*A Glipse of Jesus*) 원고를 읽은 후 이렇게 말했다. "제가 믿기로 당신은 당신의 목소리를 찾았습니다." 이 책을 읽은 후 최종 소감을 서로 나눠 보라. 나는 내 소리, 내 목소리, 내 참 자아를 찾았는가? 내가 이미 주장하며 살고 있던 내 정체가 「아바의 자녀」를 통해 더 강해졌는가? 내가 사랑받는 자녀라는 의식은 내 가족 관계, 친구와의 관계, 낯선 자와의 관계에 어떤 영향을 미치겠는가?

자리에서 일어나 손잡고 주기도문으로 기도한 후 서로 평화의 인사를 나누라.

주

1. 숨지 말고 나오라

1. Flannery O'Connor, *The Collected Works of Flannery O'Connor*(New York: Farrar, Strauss, Giroux, 1991), pp. 42-54.
2. Richard J. Foster, *Prayer, Finding the Heart's True Home*(San Francisco, CA: Harper, 1992), p.1. (「리처드 포스터의 기도」 두란노)
3. Nicholas Harnan, *The Heart's Journey Home, A Quest for Wisdom*(Notre Dame, IN: Ave Maria Press, 1992), p. 61.
4. Julian of Norwich, *The Revelations of Divine Love*(New York: Penguin, 1966), p. 56.
5. Thomas Merton, *The Hidden Ground of Love: Letters*(New York: Farrar, Strauss, Giroux, 1985), p. 146.
6. Simon Tugwell, *The Beatitudes: Soundings in Christian Tradition*(Springfield, IL: Templegate Publishers, 1980), p. 130.
7. Merton, p. 38.
8. David Seamands, *Healing for Damaged Emotions*(Wheaton, IL: Victor Books, 1981), p. 49. (「상한 감정의 치유」 두란노)
9. Morton Kelsey, *Encounters with God*. 다음 기사에 인용된 것. Parker Palmer, "The Monstic Renewal of the Church," *Desert Call*(Crestone, CO).
10. Henri J. M. Nouwen, *Life of the Beloved*(New York: Crossroad, 1992), p. 21. (「이는 내 사랑하는 자요」 IVP)
11. James Finley, *Merton's Palace of Nowhere*(Notre Dame, IN: Ave Maria Press, 1978), p. 53.
12. *Julian of Norwich*, Chapter 73.
13. Thornton Wilder, *The Angel That Troubled the Waters and Other Plays*(New York: Coward-McCan, 1928), p.20.
14. Henri J. M. Nouwen, *The Wounded Healer*(New York: Doubleday, 1972), p. 34.

(『상처입은 치유자』 두란노)

15. James A. Knight, M.D., *Psychiatry and Religion: Overlapping Concerns*, Lillian Robinson, M.D., ed.(Washington, DC: American Psychiatric Press, 1986). 나이트의 탁월한 기사 '상처입은 치유자의 종교적·심리적 차원'은 내 이런 묵상의 주요 출처가 되었다. 그에게 그리고 그의 책을 내게 소개해 준 릴리언 로빈슨에게 감사를 표한다.
16. Rainer Maria Rilke, *Letters to a Young Poet*(New York: W.W. Norton, 1962). 다음 책에 인용된 말. Knight, p. 36.
17. Georges Bernanos, *Diary of a Country Priest*(New York: Sheed & Ward, 1936), p. 178.

2. 거짓 자아

1. Walter J. Burghardt, *To Christ I Look*(New York/Mahwah, NJ: Paulist Press, 1982), p. 15. 그의 또 다른 설교집 *Still Proclaiming Your Wonders*에 나오는 '젤리그 죽이기'에서. 버가트는 영화·소설·시·음악, 기타 현대 미국의 여러 어휘와 상징을 복음 전파에 효과적으로 활용하는 방법에 대해 자신의 책들로 나를 지도해 주었다. 런던의 『태블릿』(*Tablet*)지는 버가트를 "미국 설교자계의 노인 거장"이라 칭한 바 있다.
2. James Masterson, *The Search for the Real Self*(New York: Free Press, 1988), p. 67. (『참 자기』 한국심리치료연구소)
3. John Bradshaw, *Home Coming*(New York/Toronto: Bantam Books, 1990), p. 8. (『상처받은 내면아이 치유』 학지사)
4. Susan Howatch, *Glittering Images*(New York: Ballantine Books, 1987), p. 278.
5. Thomas Merton, 다음 책에 인용된 말. James Finley, *Merton's Palace of Nowhere*(Notre Dame, IN: Ave Maria Press, 1978), p. 34.
6. Howatch, p. 162.
7. Masterson, p. 63.
8. Masterson, p. 66.
9. Masterson, p. 65.
10. Jeffrey D. Imbach, *The Recovery of Love*(New York: Crossroad, 1992), pp. 62-63.
11. James Finley, *Merton's Palace of Nowhere*(Notre Dame, IN: Ave Maria Press, 1978), p. 36.
12. Parker Palmer, "The Monstic Renewal of the Church." 콜로라도 크레스톤의 미국 영성생활 연구소에서 발행하는 *Desert Call*이라는 계간지에 실린 기사다.
13. Thomas Merton, *New Seeds of Contemplation*(New York: New Directions, 1961), p. 35.

14. Simon Tugwell, *The Beatitudes: Soundings in Christian Tradition*(Springfield, IL: Templegate Publishers, 1980), p. 112.
15. Philomena Agudo, *Intimacy*, 제3차 심리학 심포지엄(Whitinsville, MA: Affirmation Books, 1978), p. 21.
16. C. J. Jung, *Modern Man in Search of a Soul*(New York: Harcourt, Brace & World Harvest Books, 1933), p. 235.

3. 사랑받는 자

1. William Least Heat Moon, *Blue Highways*(New York: Fawcett Crest, 1982), pp. 108-109. (「블루 하이웨이 1-2」민음사)
2. Monica Furlong, *Merton: A Biography*(San Francisco, CA: Harper & Row, 1980), p. 18.
3. John Eagan, *A Traveler Toward the Dawn*(Chicago: Loyola University Press, 1990), p. xii.
4. Thomas Merton, 다음 책에 인용된 말. James Finley, *Merton's Palace of Nowhere* (Notre Dame, IN: Ave Maria Press, 1978), p. 71.
5. Eagan, pp. 150-151.
6. Henri J. M. Nouwen, *Life of the Beloved*(New York: Crossroad, 1992), p. 26.
7. James Finley, *Merton's Palace of Nowhere*(Notre Dame, IN: Ave Maria Press, 1978), p. 96.
8. Mike Yaconelli, *The Back Door*. 그가 격월간 기독교 잡지 *The Door*에 집필하는 편집장 칼럼이다. 신랄하고 불손하고 빈정대며 대개 심각하고 간혹 건방지고 자주 신나고 놀랍도록 영적이라서 내가 가장 좋아하고 즐겨 읽는 잡지다. 자체 광고문안처럼 "마음이 닫힌 사람들에게 완벽한 선물"이다.
9. Walker Percy, *The Second Coming*(New York: Farrar, Strauss, Giroux, 1980), p. 124. 퍼시의 소설 두 편, 「랜슬롯」(*Lancelot*)과 1952년 퓰리처상을 받은 「영화 관객」(*The Moviegoer*)은 참 자아를 찾아가는 주제로, 소설이라는 문학 형태를 빌어 진짜 기독교와 가짜 기독교를 파헤치고 있다.
10. Edward Schillebeeckx, *The Church and Mankind*(New York: Seabury Press, 1976), p. 118.
11. Anthony Padovano, *The Ministerial Crisis in Today's Church*. 1984년 8월 18일 일리노이 주 시카고에서 열린 FCM 연례회의 중 그의 일요일 아침 연설에서 발췌한 것.
12. Frederick Buechner, *The Clown in the Belfry*(San Francisco, CA: Harper, 1992), p. 171.

4. 아바의 자녀

1. Joachim Jeremias, *The Parables of Jesus*(New York: Charles Scribner, 1970), p. 128. (「예수의 비유」요나)
2. Gerald G. May, *Addiction and Grace*(San Francisco, CA: Harper & Row, 1988), p. 168.(「중독과 은혜」IVP)
3. Richard J. Foster, *Prayer, Finding the Heart's True Home*(San Francisco, CA: Harper, 1992), p. 85.
4. Hans Küng, *On Being a Christian*(New York: Doubleday, 1976), p. 32.(「왜 그리스도인인가?」분도출판사)
5. Küng, p. 33.
6. Donald Gray, *Jesus-The Way to Freedom*(Winona, MN: St. Mary's College Press, 1979), p. 70.
7. Stephen Covey, *The Seven Habits of Highly Effective People*, 오디오 카세트 세미나 (Provo, UT).
8. Walter J. Burghardt, SJ, *To Christ I Look*(Mahwah, NJ: Paulist Press, 1989), pp. 78-79. 나는 해 저물 무렵 이 연작 설교집에서 캐논 바커스(Canon Barcus)의 기사를 만났다. 전국 여러 곳에서 버가트가 한 설교들이 이 한 권의 책에 담겨 있다.
9. Alan Jones, *Exploring Spiritual Direction*(Minneapolis, MN: Winston Press, 1982), p. 17. 이 책과 존스의 다른 책 *Soul Making, The Desert Way of Spirituality*(Harper & Row, 1985)는 깊은 통찰과 끝없는 묵상의 샘이 되었다.
10. Henri J. M. Nouwen, *Life of the Beloved*(New York: Crossroad, 1992), p. 34.
11. Robert J. Wicks, *Touching the Holy*(Notre Dame, IN: Ave Maria Press, 1992), p. 87. 이 작은 보석 같은 책의 주제는 참된 평범함이 곧 구체적 거룩함이라는 것이다. 현대 그리스도인들의 체험과 사막의 남녀 교부들의 지혜를 바탕으로 윅스는 이렇게 말한다. "평범함의 정신은 우리 각자에게 자신의 내적 동기와 재능이 무엇인지 살펴보게 한 뒤 그것을 아낌없이 남을 의식하지 말고 표현하게 한다." (「일상 안에서의 거룩함」가톨릭 출판사)
12. 다음 책에 나온 것을 개작한 것. Wendell Berry, *The Hidden Wound*(San Francisco, CA: North Point Press, 1989), p. 4. 나는 인종차별 문제에 대한 베리의 생각과 말을 다 듣고 폭을 넓혔다.
13. Frederick Buechner, *The Clown in the Belfry*(San Francisco, CA: Harper, 1992), p. 146.
14. Anthony DeMello, *The Way to Love*(New York: Doubleday, 1991), p. 77. (「사랑에 이르는 길」성바오로)

5. 바리새인과 자녀

1. Anthony DeMello, *The Way to Love*(New York: Doubleday, 1991), p. 54.
2. Eugene Kennedy, *The Choice to be Human*(New York: Doubleday, 1985), p. 211.
3. Kennedy, p. 128.
4. Thomas Moore, *The Care of the Soul*(San Francisco, CA: Harper/Collins, 1992), p. 166.
5. Kennedy, p. 211.
6. Kennedy, p. 211.
7. James Finley, *Merton's Palace of Nowhere*(Notre Dame, IN: Ave Maria Press, 1978), p. 54.
8. Simon Tugwell, *The Beatitudes: Soundings in Christian Traditions*(Springfield, IL: Templegate Publishers, 1980), p. 138. 인용된 리지외의 테레사의 말을 이 책에서 만났다.
9. Brennan Manning, *A Stranger to Self-Hatred*(Denville, NJ: Dimension Books, 1982), p. 97. (「나를 이처럼 사랑하사」 좋은씨앗)
10. Anthony DeMello, *Awareness: A Spirituality Conference in His Own Words*(New York: Doubleday, 1990), p. 28. (「깨어나십시오」 분도출판사)
11. John Shea, *Starlight*(New York: Crossroad, 1993), p. 92. 쉐아는 내 삶에 깊은 감화를 주고 복음의 이해를 심화시켜 준 독창적 사상가다. 그의 최신간 서적에는 크리스마스가 철저한 현실주의의 한 해 중 순박성과 이상주의의 하루가 아니라는 개념이 나온다. 크리스마스는 오히려 환영(幻影)의 한 해 중 현실의 하루다. 크리스마스날 아침에 깨어나 우리는 지난 한 해 동안 자신이 몽유병자처럼 살아왔음을 깨달을 수 있다.
12. John McKenzie, *The Power and the Wisdom*(New York: Doubleday, 1972), p. 208.
13. DeMello, *The Way to Love*, p. 73.
14. Brennan Manning, *The Gentle Revolutionaries*(Denville, NJ: Dimension Books, 1976), p. 39.
15. 다음 책에 인용된 글. DeMello, *The Way to Love*, p. 76.
16. William McNamara, *Mystical Passion*(Amity, NY: Amity House, 1977), p. 57.
17. Jeffrey D. Imbach, *The Recovery of Love*(New York:Crossroad, 1992), p. 103.
18. Jean Gill, *Unless You Become Like a Child*(New York: Paulist Press, 1985), p. 39.
19. Anne Tyler, *Saint Maybe*(New York: Simon & Schuster, 1982), 124. (「날기를 잊어버린 남자」예본)
20. Frederick Buechner, *The Magnificent Defeat*(San Francisco, CA: Harper & Row, 1966), p.135.

6. 현존하는 부활

1. H. A. Williams, *True Resurrection*(London: Mitchell Begley Limited, 1972), p. 5.
2. Williams, p. 5.
3. William Barry, *God's Passionate Desire and Our Response*(Notre Dame, IN: Ave Maria Press, 1993), p. 109.
4. John Shea, *Starlight*(New York: Crossroad, 1993), p. 165. "그래서 당신은 죽지 않아요"라는 말은 다음 책에서 따온 것이다. Gabriel Marcel, *The Mystery of Being II: Faith and Reality* (Chicago: Regnery Press, 1960), p. 171.
5. *A Conversation with Frederick Buechner*(Front Royal, VA: Image: A Journal of the Arts and Religion, Spring 1989), pp. 56-57.
6. Brennan Manning, *The Ragamuffin Gospel*(Portland, OR: Multnomah Press, 1990), p. 89. (「한없이 부어주시고 끝없이 품어주시는 하나님의 은혜」 규장)
7. Edward Schillebeeckx, *For the Sake of the Gospel*(New York: Crossroad, 1992), p. 73.
8. Schillebeeckx, p. 73.
9. Peter G. van Breeman, *Certain as the Dawn*, p. 83.
10. Barry, p. 87. '지옥의 신비주의'라는 제목의 장에 배리는 네덜란드계 유대인 여자의 놀라운 이야기를 소개하고 있다. 나치 수용소에 하나님이 부재하지 않으셨다는 확신이 그녀의 일기에 적혀 있다.
11. Anne Tyler, *Saint Maybe*(New York: Simon & Schuster, 1982), pp. 199-200.
12. Don Aelred Watkin, *The Heart of the World*(London: Burns & Dates, 1954), p. 94.
13. Barry, p. 115.
14. van Breeman, *Certain as the Dawn*, p. 125. 네 가지 요점의 틀은 원자물리학 박사학위를 소지한 네덜란드의 이 예수회 사제한테서 따온 것이나 전개방식은 상당히 다르게 했다.
15. John McKenzie, *Source: What the Bible Says About the Problems of Contemporary Life* (Chicago: Thomas More Press, 1984), p. 206.
16. Peter G. van Breeman, *Called By Name*(Denville, NJ: Dimension Books, 1976), p. 38.
17. Richard Schickel, *More Than a Heart Warmer: Frank Capra: 1897-1991*, Time magazine, 138, no. 11 (1991.9.16), p. 77. 다음 책에 인용된 것. Walter Burghardt, *When Christ Meets Christ*(Mahwah, NJ: Paulist Press, 1993), p. 77.

7. 열정의 회복

1. Thomas Moore, *The Care of the Soul*(San Francisco, CA: Harper/Collins, 1992), p.

200. (「영혼의 돌봄」 아침영성지도연구원)
2. Joachim Jeremias, *The Parables of Jesus*(New York: Charles Scribner & Sons, 1970), p. 84.
3. Jeffrey D. Imbach, *The Recovery of Love*(New York: Crossroad, 1992), p. 134.
4. John Shea, *Starlight*(New York: Crossroad, 1993), pp. 115-117. 이 이야기의 원전은 르우벤 골드(Reuben Gold)와 하시디즘 전통이며, 여기 실린 것은 쉐아가 대폭 개작한 것이다. 쉐아의 초기 작품인 *Stories of Faith*와 *Stories of God*은 이야기의 위력에 대한 해박한 분석과 현대의 비유들이 어우러진 귀중한 보고(寶庫)다.
5. Beatrice Bruteau, *Radical Optimism*(New York: Crossroad, 1993), p. 99. 그녀는 노스캐롤라이나 패프타운의 기도학교 창시자이며 의식적 묵상의 믿을 만한 길잡이다.
6. Robert J. Wicks, *Touching the Holy*(Notre Dame, IN: Ave Maria Press, 1992), p. 14. 윅스가 인용한 로너건의 말은, 모든 진정한 종교체험이란 무한한 사랑이신 그분과의 만남임을 철저히 인정하고 있다.
7. *The Jerusalem Bible*, Introduction to Saint John(Garden City, NY: Doubleday & Co., 1966), p.144.
8. Brennan Manning, *Lion and Lamb: The Relentless Tenderness of Jesus*(Old Tappan, NJ: Revell/Chosen, 1986), pp. 129-130. 지금은 Baker Book House(Grand Rapids, MI)를 통해 시판되고 있다. (「사자와 어린양」 복 있는 사람)
9. William Barry, *God's Passionate Desire and Our Response*(Notre Dame, IN: Ave Maria Press, 1993), p. 33. 다음 책에서 인용한 글. John Donne, *Holy Sonnets*, p. 14.
10. Raymond Brown, *The Churches the Apostles Left Behind*(New York/Ramsay: Paulist Press, 1984), p. 93. 신약성경에 나오는 여러 교회들의 장단점을 제시한 본격 목회도서로 교회 통합적 색채가 강하다. 그의 신중한 분석은 번득이는 통찰로 현대 교회생활과 직결된다.
11. Henri Nouwen, *In the Name of Jesus*(New York: Crossroad, 1989), p. 42. 성경적 기준에 근거해 교회 내 리더십을 연구한 교훈과 영감의 책이다. (「예수님의 이름으로」 두란노)
12. Thomas J. Tyrell, *Urgent Longings: Reflections on the Experience of Infatuation, Human Intimacy, and Contemplative Love*(Whitinsville, MA: Affirmation Books, 1980), p. 17.

8. 용기와 환상

1. Anthony DeMello, *The Way to Love*(New York: Doubleday, 1991), p. 64.
2. Peter G. van Breeman, *Called By Name*(Denville, NJ: Dimension Books, 1976), p. 88.

3. 다음 책에 인용된 글. van Breeman, p. 39.
4. Johannes B. Metz, *Poverty of Spirit*(New York/Mahwah, NJ: Paulist Press, 1968), pp. 39-40. 수없이 중판을 거듭한 이 53페이지짜리 신앙고전에는 복음의 핵심 메시지가 설득력 있는 미와 통찰의 언어로 포착되어 있다. 즉 인간의 위대한 가능성은 하나님께 대한 우리의 철저한 의존, 가난한 심령을 통해서만 실현된다는 메시지다.
5. Metz, p. 40.
6. Nicholas Harnan, *The Heart's Journey Home*(Notre Dame, IN: Ave Maria Press, 1992), pp. 132-133.
7. Beatrice Bruteau, *Radical Optimism*(New York:Crossroad, 1993), p. 95.
8. Sebastian Moore, *The Fire and the Rose Are One*(New York: The Seabury Press, 1980), p. 14. 영국 다운사이드 수도원(Downside Abbey) 수사이자 미국에서도 자주 강연하는 무어는 *Let This Mind Be in You*와 *The Crucified Jesus Is No Stranger* 등 방대하고 해박한 세 권의 책을 통해 그리스도 안에서 만물이 화목케 된다는 주제를 전개하고 있다.
9. Simon Tugwell, *The Beatitudes: Soundings in Christian Traditions*(Springfield, IL: Templegate Publishers, 1980), pp. 54-55.
10. James Mackey, *Jesus: The Man and the Myth*(New York: Paulist Press, 1979), p. 148. 나의 이전 책 *A Stranger to Self-Hatred*에 인용된 말.
11. 다음 책에 인용된 말. Avery Dulles, *Models of Revelation*(Garden City, NY: Doubleday, 1983), p. 161.
12. Eugene Kennedy, *The Choice to Be Human*(New York: Doubleday, 1985), p. 117.
13. Edward Schillebeeckx, *For the Sake of the Gospel*(New York: Crossroad, 1992), p. 28.
14. Walter Burghardt, *Tell the Next Generation*(New York: Paulist Press, 1980), p. 315.
15. Iris Murdoch, *The Nice and the Good*(New York: Penguin Books, 1978), p. 315.
16. William Johnston, *Being In Love*(San Francisco, CA: Harper & Row, 1989), p. 99.

9. 랍비의 심장박동

1. Eugene Peterson, *Reversed Thunder*(New York: Harper & Row, 1989), p. 17. (「묵시: 현실을 새롭게 하는 영성」IVP)
2. John Shea, *An Experience Named Spirit*(Chicago, IL: Thomas More Press, 1986), p. 166. 여기서 나는 거부당한 마음에 대한 쉐아의 말을 다듬어 냉소적인 마음에 적용했다. 둘을 본질상 동일하게 본 것이다.
3. H. H. Price, *Belief*(London: Allen & Unwin, 1969), p. 40. 다음 책에 인용된 말. Williams, *True Resurrection*(London: Mitchell Begley Limited, 1972).

4. Viktor Frankl, *Psychotherapy and Existentialism*(New York: Simon & Schuster, 1967), p. 9. (「심리요법과 현대인」 분도출판사)
5. Eugene Kennedy, *The Choice to Be Human*(New York: Doubleday, 1985), p. 14.
6. Sebastian Moore, *The Crucified Jesus Is No Stranger*(Mahwah, NJ: Paulist Press, 1977), p. 35.
7. Moore, *The Crucified Jesus Is No Stranger*, p. 37.
8. Moore, *The Crucified Jesus Is No Stranger*, p. 37.
9. John Cobb, *The Structure of Christian Existence*(Philadelphia, PA: Westminster Press, 1968), p. 135. 다음 책에 인용된 말. Shea, p. 220.
10. H. A. Williams, *True Resurrection*(London: Mitchell Begley Limited, 1972), p. 157.
11. James K. Baxter, *Jerusalem Daybreak*(Wellington, New Zealand: Price, Milburn & Co., 1971), p. 2. 내가 군데군데 고쳐 썼으나 이야기의 본 취지는 전혀 달라지지 않았다.
12. Thomas Moore, *The Care of the Soul*(San Francisco, CA: Harper/Collins, 1992), p. 263.
13. Moore, *The Care of the Soul*, p. 112.
14. Moore, *The Crucified Jesus Is No Stranger*, p. 99.
15. Moore, *The Crucified Jesus Is No Stranger*, p. 100.
16. Schalom Ben Chorin, 다음 책에 인용된 말. Hans Küng, *The Church*(New York: Sheed & Ward, 1968), p. 149. (「교회」 한들)
17. 강력히 추천하고 싶은 책이 세 권 있다. 현존하는 부활의식을 개발하고 유지하는 데 유익한 실제적 길이 제시된 책이다. 유서 깊은 고전인 로렌스 형제의 「하나님의 임재 연습」(*The Practice of the Presence of God*, 두란노)과 최근에 나온 제럴드 메이의 「깨어 있는 심령」(*The Awakened Heart*/Harper), 베아트리스 브루토의 「철저한 낙관주의」(*Radical Optimism*/Crossroad)다.
18. Donald Gray, *Jesus, the Way to Freedom*(Winona, MN: St. Mary's Press, 1979), p. 69.
19. Jürgen Moltmann, *The Trinity and the Kingdom*(San Francisco, CA: Harper & Row, 1981), p. 25. 다음 책에 인용된 말. Alan Jones, *Soul Making-The Desert Way of Spirituality*. (「삼위일체와 하나님의 나라」 대한기독교서회)

브레넌 매닝(Brennan Manning)

미국의 대공황 시절 뉴욕에서 태어난 그는 대학교에 다니다가 해병대에 입대, 한국전쟁에서 싸웠다. 귀국 후 브레넌은 미주리 대학교에서 저널리즘을 공부하면서 글을 쓰기 시작해 장래가 촉망되는 작가로 주목받았다. 그러나 인생의 뭔가 '더 깊은' 것을 찾으려는 절박한 마음에 학교를 그만두었고, 그것이 '하나님일지도 모른다'는 생각에 브레넌은 프란체스코회 신학교에 들어간다. 그곳에서 브레넌은 예수 그리스도의 인격적 사랑을 강렬하게 체험하고 자신의 인생을 향한 하나님의 부르심을 확신케 된다. 그는 계속해서 철학과 신학을 공부하고 1963년 프란체스코회 사제로 서품받는다.

　이후 브레넌의 사역 직책들은 그를 상아탑의 전당에서 빈자(貧者)들의 뒷골목으로 데려갔다. 그는 대학교에서 신학강사 및 캠퍼스 사역자로 섬기면서, 가난한 이들과 더불어 살며 사역했다. 1960년대 말 프란체스코회에서 2년간 휴가를 얻은 브레넌은 스페인으로 건너가 샤를 드 푸코(Charles de Foucauld)의 예수의 작은 형제회에 들어갔다. 세상과 격리되지 않은 채 가난한 자들 속에서 묵상하며 살기로 헌신한 수도회였다. 낮에는 육체노동을 하고 밤에는 침묵과 기도에 잠기는 생활방식이었다. 그는 여기서 다양한 임무를 맡았다. 물 배달부가 되어 당나귀와 짐마차로 시골 마을들에 물을 실어 날랐고, 벽돌공 조수가 되어 이글거리는 스페인의 땡볕 아래에서 진흙과 밀짚을 삽으로 펐다. 사제의 신분을 간수에게만 알린 채 스위스의 한 감옥에서 자원 죄수로 살았으며, 사라고사 사막의 외딴 동굴에서 6개월간 떨어져 외로운 묵상가로 지내기도 했다. 그곳에서 수련하는 동안 브레넌은 십자가에 달리신 그리스도로 나타난 하나님의 사랑의 계시를 다시 한번 강력히 확신케 된다. 어느 한겨울 밤 그는 주님으로부터 이런 말씀을 받았다. "내 널 사랑해 아버지 곁을 떠났다. 내게서 달아난 너, 나를 피해 숨은 너, 내 이름을 듣지 않으려 한 너를 찾아왔다. 내 널 사랑해 얼굴에 침세례를 받고 주먹질과 채찍질당하고 나무 십자가에 달렸다." 브레넌은 후에 이렇게 회상했다. "그 말씀이 불길이 되어 내 삶에 옮겨붙었다. 프란체스코회에 입회하던 날 한 지혜로운 노신부가 해줬던 이야기를 그날 밤 비로소 나는 깨달았다. '일단 예수 그리스도의 사랑을 알게 되면 세상 어느 것도 멋있어 보이거나 탐나지 않게 되느니라.'"

　1970년대에 미국으로 돌아온 브레넌은 다른 네 신부와 함께 앨라배마의 번잡한 항구도시에 실험공동체를 세우고 프란체스코회의 소박한 삶을 모델 삼아 미시시피만(灣)의 한 집에 정착해 묵묵히 새우잡이 어선에서 일하면서 어부들과 그 가족들을 상대로 사역하는 한편, 플로리다를 중심으로 캠퍼스 사역을 다시 시작했다. 그러나 성공적인 사역은 그가 갑자기 알코올 중독에 무너지면서 처참히 중단됐다. 미네소타의 해즐던 치료센터에서 6개월의 치료를 통해 그는 건강을 되찾고 회복의 길에 들어섰다. 이 시기부터 브레넌은 본격적으로 글을 쓰기 시작했다. 책들이 잇달아 간행됐고 하나님의 부르심을 좇아 새로운 방향으로 들어선 브레넌은 결국 프란체스코회를 탈퇴했다. 1982년 그는 로즐린 앤 워커와 결혼해 뉴올리언스에 정착했다. 현재 브레넌은 집필과 설교를 계속하는 한편 수많은 곳을 다니며 도처의 남녀들에게 예수 그리스도 안에 있는 하나님의 무조건적 사랑의 기쁜 소식을 수용하고 품을 것을 권하고 있다.